高等院校财会专业系列教材

基础会计学
练习题与操作实务

（第二版）

主　编　杨明海　邓　青
副主编　夏　喆　林勇军

南京大学出版社

前　言

　　为了帮助同学们更好地学习抓住会计基本理论、会计基本核算方法和基本操作技能，掌握基础会计学的学习方法以及学习的重点和难点，提高同学们分析问题、解决问题的能力，从而完整的把握基础会计学的内容，我们根据《基础会计学》（第二版）（杨明海、夏喆主编，2017年南京大学出版社）教程的内容，并结合最新版《企业会计准则》及相关的会计法规，组织编写了《基础会计学练习题及操作实务》，作为《基础会计学》的配套辅导书。本次修订时，在原有基础上扩充了练习题的内容，并对练习题中的一些错误进行了纠正。

　　为了方便同学们的学习基础会计学，本书的练习题部分采用与《基础会计学》章节保持一致的体例。全书共分为两个部分：练习题部分和实务操作部分。

　　第一部分为练习题。本部分包含了十二个章节的练习题，各章节分别由名词解释、简答题、单项选择题、多项选择题、判断题、计算题、会计实务题和案例等几个部分组成。通过这些内容来连贯各章节的基本内容，突出知识点，达到同学们能够全面学习和掌握会计基础知识的目的。

　　第二部分为会计实务操作。这部分根据教学进程安排在学完"会计凭证"章节以后进行。这也是本书与其他辅导书的不同之处。这个部分主要由填制和审核会计凭证、设置和登记三栏式现金日记账和银行存款日记账、设置和登记三栏式明细账、设置和登记数量金额式明细账、设置和登记多栏式明细账、登记总分类账、科目汇总表的编制、利润表的编制和资产负债表的编制等九个单项实验项目组成，九个单项练习的综合就是一套完整的会计实务操作。通过课堂的模拟实习，一方面巩固课堂的理论知识，另一方面也可以掌握会计实务的基本操作技能。

　　本书由杨明海和邓青担任主编，夏喆、林勇军担任副主编。其中，第一部分练习题的第一、五、十二章由杨明海编写，第二章由胡莉铭编写，第三、四章由夏喆编写，第六章由罗秀娟编写，第七章由张茜编写，第八章由邓青编写，第九章由林勇军编写，第十章由马晶编写，第十一章由黄约编写。第二部分的操作实务主要由杨明海和邓青设计并编写。

　　在编写过程中，我们保持了原有教材和配套教材的基本风格。由于水平所限，书中难免存在缺点或错误，敬请使用本书的专家、学者和广大的读者批评指正，以便再版时进行更正。

编　者

2018年6月

目 录

第二部分 《基础会计学》操作实务

第一部分

《基础会计学》理论部分

第一章 总 论

一、本章重要名词

1. 四柱清册
2. 龙门账
3. 天地合账
4. 会计
5. 会计目标
6. 决策有用观
7. 受托责任观
8. 核算职能
9. 监督职能
10. 会计核算方法

二、简答题

1. 会计的职能各有哪些特点？
2. 会计核算和会计监督两大职能之间的关系是什么？
3. 你怎样认识会计目标和会计目的？
4. 会计核算方法有哪些？它们之间是什么关系？

三、单项选择题

1. 会计的基本职能是（　　　）。
   A. 控制和监督　　　B. 反映与监督　　　C. 反映与核算　　　D. 反映与分析
2. 借贷记账法形成于（　　　）。
   A. 中国　　　　　　B. 美国　　　　　　C. 英国　　　　　　D. 意大利
3. 会计核算采用的主要计量单位是（　　　）。
   A. 货币　　　　　　B. 实物　　　　　　C. 工时　　　　　　D. 劳动耗费
4. 下列不属于会计核算专门方法的是（　　　）。
   A. 成本计算与复式记账　　　　　　B. 错账更正与评估预测
   C. 设置账户与填制、审核会计凭证　　D. 编制报表与登记账簿
5. 会计方法体系中，其基本环节是（　　　）。
   A. 会计核算方法　　　　　　　　　B. 会计分析方法
   C. 会计监督方法　　　　　　　　　D. 会计决策方法

6. 会计的反映职能不具有（　　）。

　　A. 连续性　　　　　　B. 主观性　　　　　　C. 系统性　　　　　　D. 全面性

7. 会计目标主要有（　　）两种学术观点。

　　A. 决策有用观与受托责任观　　　　　　B. 决策有用观和信息系统观

　　C. 信息系统观与管理活动观　　　　　　D. 管理活动观与决策有用观

8. 近代会计史中的两个里程碑是（　　）。

　　A. 首次出现"会计"二字构词连用和设置了"司会"官职

　　B. 生产活动中出现了剩余产品和会计萌芽阶段的产生

　　C. 会计学基础理论的创立和会计理论与方法的逐渐分化

　　D. 卢卡·巴其阿勒复式簿记著作的出版和会计职业的出现

9. 下列各项中不属于会计核算专门方法的是（　　）

　　A. 成本计算　　　　B. 错账更正　　　　C. 复式记账　　　　D. 编制会计报表

10. 会计方法体系中，其基本环节是（　　）。

　　A. 会计监督方法　　　　　　　　　　B. 会计分析方法

　　C. 会计核算方法　　　　　　　　　　D. 会计决策方法

11. 会计的职能是（　　）。

　　A. 一成不变的

　　B. 随着生产关系的变更而发展

　　C. 随着社会的发展、技术的进步、经济关系的复杂化和管理理论的提高而不断变化

　　D. 只有在社会主义制度下才能发展

四、多项选择题

1. 会计的基本职能是（　　）。

　　A. 管理　　　　　　B. 核算　　　　　　C. 控制　　　　　　D. 监督

2. 下列属于会计核算方法的是（　　）。

　　A. 复式记账　　　　　　　　　　　　B. 填制和审核凭证

　　C. 编制成本计划　　　　　　　　　　D. 财产清查

3. 会计反映职能的一般特征是（　　）。

　　A. 具有客观性　　　　　　　　　　　B. 以货币为主要计量单位

　　C. 具有连续性、系统性和全面性　　　D. 体现在记账、算账、报账三个阶段上

4. 会计的监督职能的显著特征是（　　）。

　　A. 谨慎性和及时性　　　　　　　　　B. 强制性和严肃性

　　C. 连续性和具体性　　　　　　　　　D. 完整性和连续性

5. 会计核算方法包括（　　）。

　　A. 成本计算和财产清查　　　　　　　B. 设置会计科目和复式记账

　　C. 填制和审核会计凭证　　　　　　　D. 登记账簿和编制会计报表

6. 以下有关会计基本职能的关系，正确的说法有（　　）。

　　A. 反映职能是监督职能的基础

　　B. 没有反映职能提供可靠的信息，监督职能就没有客观依据

C. 没有监督职能进行控制,就不能提供真实可靠的会计信息

D. 两大职能是紧密结合,辩证统一的

7. 下列说法正确的有( )。

  A. 会计是适应生产活动发展的需要而产生的

  B. 会计从产生、发展到现在经历了一个漫长的发展历史

  C. 会计是生产活动发展到一定阶段的产物

  D. 经济越发展,会计越重要

8. 会计的具体任务包括( )。

  A. 反映和监督法规、准则、制度的执行情况,维护财经纪律

  B. 提供会计信息,加强经营管理

  C. 预测经济前景,参与经营决策

  D. 反映和监督经营活动和财务收支

五、判断题

1. 会计核算以货币为主要计量单位,有时辅之以实物和劳动量为计量单位。 ( )

2. 会计的职能就是人们赋予它的功能。 ( )

3. 我国宋朝时出现的"龙门账"标志着我国中式会计已达到比较科学、系统、完善的地步。 ( )

4. 在有人类活动的时候,会计就产生了。 ( )

5. 会计监督包括事前监督、日常监督和事后监督。 ( )

6. 法律主体必定是会计主体,会计主体也必定是法律主体。 ( )

7. 会计的基本职能有核算和监督。 ( )

8. 会计在产生的初期,只是作为"生产职能的附带部分",之后随着剩余产品规模的缩小,会计逐渐从生产职能中分离出来,成为独立的职能。 ( )

9. 一般认为,在会计学说史上,将卢卡·巴其阿勒复式簿记著作的出版和会计职能的出现视为近代会计史中的两个里程碑。 ( )

10. 会计既可反映过去已经发生的经济活动,也可反映未来可能发生的经济活动。 ( )

11. 会计反映具有连续性,而会计监督只具有强制性。 ( )

12. 没有会计监督,会计反映便失去了存在的意义。 ( )

13. 会计目标的决策有用观要求两权分离必须通过资本市场进行。 ( )

14. 狭义的会计方法是指会计核算方法。 ( )

15. 会计七大核算方法是一个完整的方法体系。 ( )

16. 会计主体是指企业法人。 ( )

17. 会计计量单位只有一种,即货币计量。 ( )

第二章 会计要素与会计等式

一、本章重要名词

1. 会计要素
2. 资产
3. 负债
4. 所有者权益
5. 收入
6. 费用
7. 利润

二、简述题

1. 什么是会计要素？会计要素包括哪些内容？
2. 简述资产与权益的平衡关系。
3. 经济业务有哪几种类型？每类经济业务变动会引起资产与权益发生什么样的变化？会不会破坏资产与权益的平衡关系？

三、单项选择题

1. 资产通常按流动性分为（　　　）。
    A. 有形资产与无形资产
    B. 货币资产与非货币资产
    C. 流动资产与非流动资产
    D. 本企业资产与租入的资产
2. 下列各项目中,属于负债的是（　　　）。
    A. 预收账款　　　　B. 库存现金　　　　C. 存货　　　　　　D. 股本
3. 下列会计等式中,不正确的是（　　　）。
    A. 资产＝负债＋所有者权益
    B. 负债＝资产－所有者权益
    C. 资产－负债＝所有者权益
    D. 资产＋负债＝所有者权益
4. 下列经济活动中,引起资产和负债同时减少的是（　　　）。
    A. 以银行存款偿付前欠货款
    B. 购买材料货款尚未支付
    C. 收回应收账款
    D. 接受其他单位捐赠新设备
5. 下列经济业务的发生不会使会计等式两边总额发生变化的有（　　　）。
    A. 用银行存款支付前欠购料款
    B. 从银行提取现金
    C. 向银行取得借款存入银行
    D. 收到预收账款存入银行
6. 会计科目是（　　　）的名称。

A. 会计账户　　　　B. 会计等式　　　　C. 会计对象　　　　D. 会计要素

7. 经济业务发生后,(　　)会计等式的平衡关系。

    A. 不会破坏　　　　B. 会破坏　　　　C. 有时破坏　　　　D. 根据情况

8. 下列各项目中,不属于会计要素的是(　　)。

    A. 资产　　　　B. 负债　　　　C. 财产　　　　D. 利润

9. 下列各项目中,不属于资产的是(　　)。

    A. 预付账款　　　　B. 专利权　　　　C. 应收账款　　　　D. 预收账款

10. 下列各项目中,属于负债的是(　　)。

    A. 预收账款　　　　B. 现金　　　　C. 存货　　　　D. 股本

11. 会计的一般对象可以概括为(　　)。

    A. 经济活动　　　　　　　　　　B. 再生产过程中的资金运动

    C. 生产活动　　　　　　　　　　D. 管理活动

12. 对会计对象的进一步划分称为(　　)。

    A. 会计科目　　　　B. 会计账户　　　　C. 会计要素　　　　D. 会计方法

13. 企业所拥有的资产从财产权利的归属来看,一部分属于投资者,另一部分属于(　　)。

    A. 债权人　　　　B. 企业职工　　　　C. 债务人　　　　D. 企业法人

14. 一个企业的资产总额与权益总额(　　)。

    A. 一定相等　　　　　　　　　　B. 有时相等

    C. 不会相等　　　　　　　　　　D. 只有在期末时相等

15. 下列经济业务中,影响会计等式总额发生变化的是(　　)。

    A. 以银行存款 50 000 元购买材料　　　B. 购买机器设备 20 000 元,货款未付

    C. 结转完工产品成本 40 000 元　　　D. 收回客户所欠的货款 30 000 元

16. 企业所拥有的资产总有其提供者,即来源渠道,资产的提供者对企业资产所享有的经济利益,会计上称之为(　　)。

    A. 所有者权益　　　　B. 权益　　　　C. 投资人权益　　　　D. 债权人权益

17. 一项资产增加、一项负债增加的经济业务发生后,会使资产与权益原来的总额(　　)。

    A. 发生同减的变动　　　　　　　　B. 发生同增的变动

    C. 不会变动　　　　　　　　　　D. 发生不等额的变动

18. 某公司购入机器一台共计 90 000 元,机器已投入使用,货款尚未支付。这项业务的发生,意味着(　　)。

    A. 资产增加 90 000 元,负债减少 90 000 元

    B. 资产增加 90 000 元,负债增加 90 000 元

    C. 资产减少 90 000 元,负债减少 90 000 元

    D. 资产减少 90 000 元,负债增加 90 000 元

19. 某企业目前的权益总额为 180 万元,现发生一笔以银行存款 10 万元偿还银行借款的经济业务,则此项业务发生后该企业的资产总额为(　　)万元。

    A. 180　　　　B. 190　　　　C. 100　　　　D. 170

20. 某企业 4 月月末负债总额为 200 万元,5 月份赊购材料 10 万元,收回外单位欠款 20 万元,用存款偿还银行借款 10 万元,则 5 月月末该企业的负债总额为( )万元。

    A. 200   B. 180   C. 190   D. 210

21. 企业收入的发生往往会引起( )。

    A. 负债增加   B. 资产增加   C. 资产减少   D. 所有者权益减少

22. 企业生产的完工入库的产成品属于( )。

    A. 长期资产   B. 流动资产   C. 固定资产   D. 非流动资产

23. 构成企业所有者权益主体的是( )。

    A. 盈余公积   B. 资本公积   C. 实收资本   D. 留存收益

24. 如果某项经济业务的发生仅涉及资产这一会计要素中的两个项目,则它们的变化一定是( )。

    A. 同增变动   B. 同减变动   C. 不变动   D. 一增一减变动

25. 下列各项经济业务发生后,引起资产和权益同时减少的业务是( )。

    A. 用银行存款偿还应付账款   B. 向银行借款直接偿还应付账款
    C. 购买材料,货款暂未支付   D. 工资计入产品成本,但暂未支付

四、多项选择题

1. 下列各项目中,属于期间费用的有( )。

    A. 制造费用   B. 销售费用   C. 管理费用   D. 财务费用

2. 下列各项目中,属于流动负债的有( )。

    A. 应付债券   B. 预付账款   C. 应付账款   D. 预收账款

3. 收入将导致企业( )。

    A. 现金流出   B. 资产增加   C. 资产减少   D. 负债减少

4. 在下列各项业务中,不影响资产总额的有( )。

    A. 用银行存款购入原材料   B. 从银行提取现金
    C. 用银行存款购入 A 公司股票   D. 用银行存款预付材料定金

5. "资产＝负债＋所有者权益"会计等式是( )。

    A. 设置账户的理论依据   B. 复式记账的理论依据
    C. 反映企业资产归属关系的等式   D. 编制资产负债表的理论依据

6. 下列各项目中,反映企业财务状况的会计要素有( )。

    A. 资产   B. 所有者权益   C. 负债   D. 收入

7. 下列各项目中,属于动态会计要素的有( )。

    A. 收入   B. 所有者权益   C. 费用   D. 利润

8. 下列各项目中,属于资产的有( )。

    A. 应收账款   B. 预收账款   C. 应付账款   D. 预付账款

9. 下列各项目中,属于所有者权益的有( )。

    A. 实收资本   B. 资本公积   C. 未分配利润   D. 应付股利

10. 下列各项经济业务中,会引起会计等式左、右两边会计要素变动的有( )。

    A. 收到某单位前欠货款 20 000 元并存入银行

  B. 以银行存款偿还银行借款

  C. 收到某单位投资机器一台,价值 800 000 元

  D. 以银行存款偿还前欠货款 100 000 元

11. 下列会计等式中正确的有(　　　)。

  A. 资产＝权益

  B. 资产＝负债＋所有者权益

  C. 收入－费用＝利润

  D. 资产＝负债＋所有者权益＋(收入－费用)

12. 下列只引起会计等式左边会计要素变动的经济业务有(　　　)。

  A. 收到某外商捐赠货物一批,价值 80 万元

  B. 购买材料 800 元,货款尚未支付

  C. 从银行提取现金 500 元

  D. 购买机器一台,以银行存款支付 10 万元货款

13. 反映企业财务状况的会计要素有(　　　)。

  A. 资产　　　　　　B. 所有者权益　　　　C. 费用　　　　　D. 负债

14. 反映企业经营成果的会计要素有(　　　)。

  A. 资产　　　　　　B. 收入　　　　　　　C. 费用　　　　　D. 利润

15. 所有者权益与负债都属于企业权益总额的一部分,但它们有着本质的不同,体现在(　　　)。

  A. 两者偿还期不同

  B. 两者性质不同

  C. 两者享受的权利不同

  D. 两者对企业资产有要求权的顺序先后不同

16. 企业的收入具体表现为一定期间(　　　)。

  A. 企业负债的减少　　　　　　　B. 银行存款的流入

  C. 企业其他资产的增加　　　　　D. 企业其他资产的减少

17. 企业的费用具体表现为一定期间(　　　)。

  A. 现金的流入　　　　　　　　　B. 银行存款的流出

  C. 企业负债的增加　　　　　　　D. 企业其他资产的减少

18. 下列经济业务中,会引起会计等式右边会计要素发生增减变动的经济业务有(　　　)。

  A. 某企业将本企业所欠贷款转作投入资本

  B. 以银行存款偿还前欠贷款

  C. 将资本公积转增资本

  D. 投资者追加对本企业的投资

20. 下列各项中,属于流动资产的有(　　　)。

  A. 存放在企业的现金　　　　　　B. 存放在仓库的材料

  C. 厂房和机器　　　　　　　　　D. 企业的行政办公大楼

五、判断题

1. 负债是企业过去的交易或事项所引起的潜在义务。 （　　）
2. 资产按其流动性可分为无形资产和有形资产。 （　　）
3. 某一财产物资要成为企业的资产，其所有权必须属于企业。 （　　）
4. 所有者权益是指投资人对企业全部资产的所有权。 （　　）
5. 期间费用应计入产品成本。 （　　）
6. 收入是企业在销售商品、提供劳务及让渡资产使用权等全部活动中所形成的经济利益的总流入。 （　　）
7. 会计要素中既有反映财务状况的要素，也含反映经营成果的要素。 （　　）
8. 所有者权益是指企业投资人对企业净资产的所有权。 （　　）
9. 与所有者权益相比，负债一般有规定的偿还期，而所有者权益没有。 （　　）
10. 与所有者权益相比，债权人无权参与企业的生产经营、管理和收益分配，而所有者权益则相反。 （　　）
11. 企业取得收入，意味着企业一定有利润形成。 （　　）
12. 资产、负债与所有者权益的平衡关系是反映企业资金运动的静态，如考虑收入、费用等动态要素，则资产与权益总额的平衡关系必然被破坏。 （　　）
13. 企业的利润包括主营业务收入、其他业务收入和营业外收支净额。 （　　）
14. "资产＝负债＋所有者权益"是静态的会计等式，而动态的会计等式则是"资产＝负债＋所有者权益＋（收入－费用）"。 （　　）
15. 企业接受捐赠物资一批，价值10万元，该项经济业务会引起收入增加，权益增加。 （　　）
16. 企业以存款购买设备，该项业务会引起会计等式左、右两边会计要素发生一增一减的变化。 （　　）
17. 企业收到某单位还来欠款10 000元。该项经济业务会引起会计等式左、右两边会计要素发生同时增加的变化。 （　　）
18. 不管什么企业发生任何经济业务，会计等式的左右两方金额永不变，故永相等。 （　　）

六、计算题

某企业2×12年5月31日有关资产、负债、所有者权益的资料如下：

（1）生产用厂房	190 000元
（2）库存产成品	300 000元
（3）仓库一栋	120 000元
（4）库存半成品	150 000元
（5）低值易耗品	40 000元
（6）库存现金	20 000元
（7）货运汽车一辆	60 000元
（8）应收回的货款	50 000元
（9）银行存款	260 000元

（10）国家投入的资金	500 000 元
（11）联营单位投入的资金	220 000 元
（12）应付购料款	64 000 元
（13）本年已实现的利润	120 000 元
（14）尚未缴纳的税金	10 000 元
（15）以前年度的留存收益	90 000 元
（16）银行借款	186 000 元

要求：根据以上资料，划分资产、负债和所有者权益，并汇总各类金额，检验其平衡关系。

七、会计实务题

1. 目的：熟悉并掌握经济业务的发生对会计要素的影响。

资料：

某企业发生的经济业务如下：

（1）用银行存款购买材料；

（2）用银行存款支付前欠 A 单位的货款；

（3）用盈余公积金弥补年度亏损；

（4）向银行借入长期借款，并存入银行；

（5）收到所有者投入的设备；

（6）向国外进口设备，货款未付；

（7）用银行存款归还长期借款；

（8）企业以固定资产向外单位投资；

（9）用企业借款归还前欠 B 单位的货款；

（10）经批准，将债权人的借款转为企业的资本金；

（11）企业所有者甲将其部分股权转让给所有者乙；

（12）将盈余公积金转作资本。

要求：分析以上各项经济业务的类型，并填入下表。

经济业务的类型

类　　型	经济业务序号
（1）一项资产增加，另一项资产减少	
（2）一项负债增加，另一项负债减少	
（3）一项所有者权益增加，另一项所有者权益减少	
（4）一项资产增加，一项负债增加	
（5）一项资产增加，一项所有者权益增加	
（6）一项资产减少，一项负债减少	
（7）一项资产减少，一项所有者权益减少	
（8）一项负债减少，一项所有者权益增加	
（9）一项负债增加，一项所有者权益减少	

2. 目的:练习划分经济业务的类型。

资料:

经济业务的类型如下:

(1) 资产增加,负债增加;

(2) 资产增加,所有者权益增加;

(3) 资产类项目此增彼减;

(4) 资产减少,所有者权益减少;

(5) 资产减少,负债减少;

(6) 费用增加,负债增加;

(7) 费用增加,资产减少;

(8) 收入增加,资产增加;

(9) 收入增加,负债减少。

要求:根据以上提供的经济业务类型举例进行说明。

3. 目的:熟练掌握会计等式。

资料:

东风公司 2×17 年资产总额与负债总额的期初、期末资料如下:资产期初余额 700 000 元,期末余额 800 000 元;负债期初余额 200 000 元,期末余额 100 000 元。

要求(在上述资料的基础上,回答三个互不相关的问题):

(1) 本年股东投资不变,销售费用为 140 000 元,请问本年度利润和营业收入各是多少?

(2) 年度中增加投资 70 000 元,则本年利润是多少?

(3) 年度中收回投资 20 000 元,但对另一企业又增加投资 30 000 元,则本年利润是多少?

4. 目的:掌握简易资产负债表的编制方法。

资料:

(1) 大华工厂 2×17 年 12 月 31 日资产负债表的资料如下(简易格式):

资产负债表(简易格式)

元

资　产	金　额	负债及所有者权益	金　额
库存现金	600	负债:	
银行存款	46 000	短期借款	17 500
应收账款	9 000	应付账款	6 000
其他应收款	1 400	应交税费	7 000
周转材料	20 500		
生产成本	75 000	所有者权益:	
原材料	75 000	实收资本	420 000
库存商品	39 000	盈余公积	26 000
固定资产	210 000		
合　计	476 500	合　计	476 500

（2）2×18 年 1 月发生如下经济业务：

① 接受外单位投入资金 80 000 元，并存入银行。

② 从银行提取现金 500 元备用。

③ 向银行借入短期借款，用于偿还前欠某单位购货款 5 000 元。

④ 用银行存款 2 000 元支付应缴纳的税费。

⑤ 采购原材料 10 000 元，货款未付。

⑥ 销售商品一批，价值 15 000 元，货款尚未收回。

要求：

（1）分析 2×18 年 1 月该工厂发生的经济业务涉及哪些资产和权益项目的增减变化及其对资产总额的影响，并指出变化的类型；

（2）根据分析的结果编制该工厂 2×18 年 1 月 31 日的简易资产负债表。

第三章　会计核算基础

一、本章重要名词

1. 会计主体
2. 持续经营
3. 权责发生制
4. 收付实现制
5. 会计确认
6. 相关性
7. 可比性
8. 稳健性
9. 会计分期
10. 货币计量
11. 收益性支出
12. 资本性支出
13. 可比性原则

二、简述题

1. 什么是会计假设？如何理解其具体内容？
2. 会计信息质量要求有哪些？如何理解其在实际工作中的运用？
3. 什么是会计确认？会计确认的分类有哪些？
4. 会计确认的基础有哪几种？如何理解它们各自的特点？
5. 如何理解划分收益性支出和资本性支出原则的科学性？
6. 历史成本计量的优点有哪些？

三、单项选择题

1. 会计主体假设主要规定了会计工作的(　　　)。
    A. 空间范围　　　　B. 时间范围　　　　C. 主管单位　　　　D. 具体内容
2. 建立持续经营假设的目的是(　　　)。
    A. 为了保证企业的生产经营活动的正常进行
    B. 解决财产估价和有关费用归属问题
    C. 是货币计量与实物计量的需要
    D. 能够分段核算企业的经营成果

3. 下列支出属于资本性支出的有(　　)。

    A. 固定资产日常修理费 　　　　B. 建造房屋的各项支出

    C. 生产工人工资 　　　　　　　D. 产品销售费用

4. 划分各期收入和费用的原则是(　　)。

    A. 权责发生制原则 　　　　　　B. 历史成本原则

    C. 配比性原则 　　　　　　　　D. 划清收益性支出和资本性支出原则

5. 在会计核算中,必须充分估计风险和损失,对预计发生的损失,可以计算入账,但对可能发生的收益、收入则不能计算入账,体现了会计核算的(　　)原则。

    A. 配比性原则 　　　　　　　　B. 谨慎性原则

    C. 权责发生制 　　　　　　　　D. 客观性原则

6. 对会计信息应当以实际发生的经济业务为依据,如实地反映财务状况和经营成果,体现了会计核算的(　　)原则。

    A. 权责发生制原则 　　　　　　B. 相关性原则

    C. 可靠性原则 　　　　　　　　D. 可比原则

7. 会计主体是(　　)。

    A. 对其进行核算的一个特定单位 　B. 一个企业

    C. 企业法人 　　　　　　　　　D. 法人主体

8. 6月29日销售产品80 000元,7月13日收到货款存入银行,按收付实现制核算时,该项收入应属于(　　)。

    A. 6月　　　　　B. 7月　　　　　C. 本年　　　　　D. 视情况而定

9. 会计核算应当按规定的处理办法进行,会计指标应当口径一致,以便在不同企业之间进行横向比较,会计核算的这个原则是(　　)。

    A. 一贯性原则 　　　　　　　　B. 可比性原则

    C. 配比原则 　　　　　　　　　D. 客观性原则

10. 在可预见的未来会计主体不会破产清算,所持有的资产将正常营运,所负有的债务将正常偿还。这属于(　　)假设。

    A. 会计主体　　　B. 持续经营　　　C. 会计分期　　　D. 货币计量

11. 在我国会计期间分为年度、半年度、季度和月度,它们均按(　　)确定。

    A. 公历起讫日期 　　　　　　　B. 农历起讫日期

    C. 7月制起讫日期 　　　　　　D. 4月制起讫日期

12. 下列关于会计主体的表述中,不正确的是(　　)。

    A. 会计主体是指会计所核算和监督的特定单位或组织

    B. 会计主体就是法律主体

    C. 由若干具有法人资格的企业组成的企业集团也是会计主体

    D. 会计主体界定了从事会计工作和提供会计信息的空间范围

13. 确定会计核算工作时间范围的基本前提是(　　)。

    A. 会计主体　　　B. 持续经营　　　C. 会计分期　　　D. 货币计量

14. 根据《企业会计准则》的规定,我国的会计核算基础是(　　)。

    A. 收付实现制 　　　　　　　　B. 权责发生制

    C. 永续盘存制   D. 实地盘存制

15. 会计对各单位经济活动进行核算时,选作统一计量标准的是(　　)。

    A. 货币量度   B. 劳动量度   C. 实物量度   D. 以上均可

16. 将融资租赁方式租入的资产视为本企业资产进行核算,符合(　　)信息质量要求。

    A. 可靠性   B. 实质重于形式

    C. 重要性   D. 相关性

17. 在下列各项会计信息质量要求中,(　　)要求企业应当以实际发生的交易或者事项为依据进行确认、计量和报告,如实反映符合确认和计量要求的各项会计要素及其他相关信息,保证会计信息真实可靠、内容完整。

    A. 可靠性   B. 及时性   C. 客观性   D. 可比性

18. 在遵循会计信息质量要求时,评价某些项目的(　　)时,很大程度上取决于会计人员的职业判断。

    A. 相关性   B. 及时性   C. 重要性   D. 谨慎性

19. 企业对可能发生的资产减值损失计提资产减值准备、对售出商品可能发生的保修义务等确认预计负债等,这体现了会计信息质量的(　　)要求。

    A. 相关性   B. 及时性   C. 重要性   D. 谨慎性

20. 对于次要的会计事项,在不影响会计信息真实性和不至于误导会计报告使用者作出正确判断的前提下,做适当简化处理,符合会计核算的(　　)信息质量要求。

    A. 实质重于形式   B. 重要性   C. 可比性   D. 可理解性

21. 各企业单位处理会计业务的方法和程序在不同会计期间要保持前后一致,不得随意变更,这符合(　　)会计信息质量要求。

    A. 相关性   B. 可比性   C. 可理解性   D. 重要性

22. 企业于10月月初用银行存款1 200元支付第四季度房租,10月月末仅将其中的400元计入本月费用,这符合(　　)要求。

    A. 可靠性   B. 权责发生制

    C. 收付实现制   D. 历史成本计价

23. 按照收付实现制的要求,确定各项收入和费用归属期的标准是(　　)。

    A. 实际发生的收支   B. 实际收付的业务

    C. 实现的经营成果   D. 实际款项的收付

24. 2017年9月20日采用赊销方式销售产品50 000元,12月25日收到货款并存入银行。按收付实现制核算时,该项收入应属于(　　)。

    A. 2017年9月   B. 2017年10月

    C. 2017年11月   D. 2017年12月

25. 2018年3月20日采用赊销方式销售产品60 000元,6月20日收到货款并存入银行。按权责发生制核算时,该项收入应属于(　　)。

    A. 2018年3月   B. 2018年4月

    C. 2018年5月   D. 2018年6月

26. 企业的会计期间是(　　)。

    A. 自然形成的   B. 人为划分的

C. 一个周转过程　　　　　　　　D. 一个营业年度

四、多项选择题

1. 企业在组织会计核算时,应作为会计核算基本前提的是(　　)。
   A. 会计主体　　　B. 持续经营　　　C. 货币计量
   D. 会计分期
2. 明晰性原则是指(　　)应当明晰明了,便于理解和利用。
   A. 会计记录　　　B. 会计报表　　　C. 会计档案　　　D. 会计程序
3. 根据权责发生制原则,应记入本期的收入和费用有(　　)。
   A. 本期实现的收益已收款　　　　　B. 本期的费用已付款
   C. 本期实现的收益未收款　　　　　D. 下期的费用已付款
4. 下列各项做法中,体现稳健性原则的有(　　)。
   A. 对应收账款计提坏账准备
   B. 固定资产加速折旧
   C. 对财产物资按历史成本计价
   D. 对固定资产计提减值准备
5. 如果将一笔收益性支出按资本性支出处理,将会(　　)。
   A. 净收益虚减　　　　　　　　　　B. 多计资产价值
   C. 净收益虚增　　　　　　　　　　D. 少计费用
6. 按照权责发生制的要求,应作为本期收入的项目有(　　)。
   A. 收到国家投资 100 000 元,存入银行
   B. 销售商品一批计 100 000 元,货款尚未收到
   C. 收到外单位还来的上月欠款 550 元,存入银行
   D. 销售材料的货款 50 000 元,存入银行
7. 历史成本计量属性的优点有(　　)。
   A. 交易确定的金额比较客观
   B. 存货成本接近市价
   C. 有原始凭证作证明可随时查证
   D. 会计核算手续简化,不必经常调整账目
8. 会计主体前提条件解决并确定了(　　)。
   A. 会计核算的空间范围　　　　　B. 会计核算的时间范围
   C. 会计核算的计量问题　　　　　D. 会计核算的立场问题
9. 下列属于基本会计信息质量要求的有(　　)。
   A. 可靠性　　　B. 可比性　　　C. 相关性　　　D. 可理解性
10. 按权责发生制原则的要求,下列收入或费用应归属本期的有(　　)。
    A. 对方暂欠的本期销售产品的收入　　B. 预付明年的保险费
    C. 摊销前期已付款的报刊杂志费　　　D. 尚未付款的本期借款利息
11. 会计的目标就是为有关方面提供有用的信息,对于企业来说,会计提供的信息应当
(　　)。

A. 符合国家宏观经济管理的要求

B. 满足各方了解企业财务状况和经营成果的需要

C. 提供企业成本核算资料

D. 满足企业内部经营管理的需要

12. 按照收付实现制的要求,下列收入或费用应计入本期的有( )。

A. 本期提供劳务已收款　　　　　　　B. 本期预付后期的费用

C. 本期欠付的费用　　　　　　　　　D. 本期提供劳务未收款

13. 根据谨慎性的会计信息质量要求,应对企业可能发生的损失和费用做出合理预计,通常的做法有( )。

A. 对应收账款计提坏账准备　　　　　B. 固定资产加速折旧

C. 对财产物资按历史成本计价　　　　D. 对存货计提减值准备

五、判断题

1. 某企业 12 月与 A 公司签订了一份明年的供货合同,会计部门应依据该份合同核算当年收益。　　　　　　　　　　　　　　　　　　　　　　　　　　　　( )

2. 会计主体和法律主体是对等的。　　　　　　　　　　　　　　　　　( )

3. 对固定资产采用加速折旧体现了会计信息质量要求中的实质重于形式。( )

4. 可比性原则要求企业对同一业务的处理应尽量采用相同的会计方法,不得随意变更。

　　　　　　　　　　　　　　　　　　　　　　　　　　　　　　　　( )

5. 收付实现制因其对收入、费用归属期间的判断方便,因此适用于制造型企业。( )

6. 我国所有企业的会计核算都必须以人民币作为记账本位币。　　　　( )

7. 谨慎性质量要求会计核算工作中做到不夸大企业资产、不虚增企业费用。( )

8. 会计核算必须以实际发生的经济业务及证明经济业务发生的合法性凭证为依据,表明会计核算应当遵循可靠性。　　　　　　　　　　　　　　　　　　　　　　( )

9. 企业选择一种不导致虚增资产、多计利润的做法,所遵循的是会计核算的可靠性。

　　　　　　　　　　　　　　　　　　　　　　　　　　　　　　　　( )

10. 可比性要求会计处理方法在不同企业应当一致,不得随意变更。　　( )

11. 会计规范体系中的规范均具有强制性特征。　　　　　　　　　　　( )

六、计算题

目的:熟练掌握权责发生制和收付实现制的运用。

资料:某企业 12 月份发生如下经济业务:

(1) 用银行存款预付明年财产保险费 7 200 元。

(2) 通过银行收到上月销货款 60 000 元。

(3) 销售商品 18 000 元,货款尚未收到。

(4) 收到购货单位预付货款 30 000 元,存入银行。

(5) 计算本月水电费共 1 800 元,因资金周转困难,暂未支付。

(6) 销售产品 40 000 元,款已存入银行。

(7) 支付上月房租费 1 500 元。

（8）以银行存款支付本月广告费 2 000 元。

（9）计算本月固定资产折旧费 3 000 元。

（10）预提本月应负担的银行借款利息 600 元。

要求：根据以上资料填列下表，并分别采用权责发生制和收付实现制计算该企业 12 月份的收入、费用和利润。

收入和费用

元

业务号	权责发生制		收付实现制	
	收　　入	费　　用	收　　入	费　　用
1				
2				
3				
4				
5				
6				
7				
8				
9				
10				
合　计				
利润				

第四章　账户与复式记账

一、本章重要名词

1. 会计科目
2. 会计账户
3. 借贷记账法
4. 试算平衡
5. 单式记账法
6. 会计账户的基本结构
7. 会计账户的四个指标
8. 复式记账法
9. 记账规则
10. 账户的对应关系
11. 会计分录

二、简答题

1. 什么是会计科目？为什么要设置会计科目？
2. 设置会计科目应遵循哪些原则？
3. 会计科目按经济内容可分为哪几类？
4. 什么是账户？为什么要设置账户？
5. 简述会计科目与账户的关系。
6. 什么是单式记账法？什么是复式记账法？它们各自具有哪些特点？
7. 试述借贷记账法账户的基本结构。
8. 借贷记账法的记账规则是怎样的？
9. 简述借贷记账法的基本内容。

三、单项选择题

1. 预付账款属于会计要素中的（　　　）。
   A. 资产　　　　　　　B. 负债　　　　　C. 费用　　　　　　D. 所有者权益
2. 企业从银行取得借款直接偿还应付购货款，属于（　　　）类型变化业务。
   A. 资产项目之间此增彼减　　　　　　B. 权益项目之间此增彼减
   C. 资产项目和权益项目同增　　　　　D. 资产项目和权益项目同减
3. 会计科目是（　　　）。

  A. 会计要素的名称   B. 会计报表的项目名称

  C. 账簿的名称   D. 账户的名称

  4. 某企业月初资产总额 300 万元,本月发生下列经济业务:赊购材料 10 万元;用银行存款偿还短期借款 20 万元;收到购货单位偿还的欠款 15 万元,存入银行。本月资产总额为(　　)万元。

  A. 310   B. 290   C. 295   D. 305

  5. 某企业 5 月月末负债总额为 100 万元,6 月份收回应收账款 5 万元,收到购货单位预付的货款 8 万元,6 月月末计算出应缴纳产品销售税金 0.5 万元。月末负债总额为(　　)万元。

  A. 108.5   B. 103.5   C. 113.5   D. 106.5

  6. 单式记账法对每项经济业务都只在(　　)账户中进行登记。

  A. 一个   B. 两个或两个以上

  C. 两个   D. 有关

  7. 复式记账法对每项经济业务都以相等的金额在(　　)账户中进行登记。

  A. 一个   B. 两个或两个以上

  C. 两个   D. 有关

  8. 对每一个账户来说,期末余额(　　)。

  A. 只能在借方   B. 只能在账户的一方

  C. 只能在贷方   D. 可能在借方或贷方

  9. 资产类账户的借方登记(　　)。

  A. 资产的增加   B. 资产的减少

  C. 费用的转销   D. 收入的减少

  10. 负债类账户的借方登记(　　)。

  A. 收入的增加   B. 负债的增加

  C. 费用的增加   D. 负债的减少

  11. 资产类账户的贷方登记(　　)。

  A. 收入的减少   B. 资产的减少

  C. 资产的增加   D. 收入的增加

  12. 负债类账户的贷方登记(　　)。

  A. 费用的增加   B. 费用的转销

  C. 负债的增加   D. 负债的减少

  13. 资产类账户的期末余额(　　)。

  A. 应在借方   B. 应在贷方

  C. 有时在借方,有时在贷方   D. 以上答案都对

  14. 权益类账户的期末余额(　　)。

  A. 应在借方   B. 应与权益类账户增加额同方向

  C. 可能在借方,可能在贷方   D. 以上答案都对

  15. 对于费用类账户,下列说法中正确的是(　　)。

  A. 借方登记转销数   B. 贷方登记费用的发生额

  C. 一般期末无余额   D. 一般期末有余额

16. 下列会计分录中,属于简单会计分录的是(　　)。
    A. 一借多贷　　　B. 一贷多借　　　C. 多借多贷　　　D. 一借一贷

17. 根据(　　)的基本原理,对账户记录进行试算平衡。
    A. 会计要素划分的类别　　　　B. 所发生经济业务的内容
    C. 账户结构　　　　　　　　　D. 会计等式

18. 单式记账法在选择单方面记账时,重点考虑的是(　　)。
    A. 现金、银行存款　　　　　　B. 现金
    C. 现金、银行存款和债权债务　D. 现金、银行存款和实物资产

19. 会计科目是对(　　)。
    A. 会计要素分类所形成的项目　B. 会计对象分类所形成的项目
    C. 会计方法分类所形成的项目　D. 会计账户分类所形成的项目

20. 会计账户的设置依据是(　　)。
    A. 会计科目　　　B. 会计对象　　　C. 会计要素　　　D. 会计方法

21. 账户的基本结构是指(　　)。
    A. 账户的具体格式　　　　　　B. 账户登记的经济内容
    C. 账户中登记增减金额的栏次　D. 账户登记的日期

22. 在借贷记账法下,账户哪一方登记增加数或减少数,取决于(　　)。
    A. 账户的格式　　　　　　　　B. 账户的用途
    C. 账户的结构　　　　　　　　D. 账户所反映的经济内容

23. 在借贷记账法下,所有者权益类账户的期末余额一般在(　　)。
    A. 借方　　　B. 增加方　　　C. 贷方　　　D. 减少方

24. 设置明细分类账户的依据是(　　)。
    A. 总分类科目　　　　　　　　B. 明细分类科目
    C. 试算平衡表　　　　　　　　D. 会计要素内容

25. 在复式记账法下,对任何一项经济业务登记的账户数量应是(　　)。
    A. 仅为一个　　　B. 仅为两个　　　C. 仅为两个　　　D. 两个或两个以上

26. 复式记账法是指任何一笔经济业务都必须用相等的金额在两个或两个以上的有关账户中(　　)。
    A. 一个记增加另一个记减少　　B. 两个都记增加
    C. 两个都记减少　　　　　　　D. 全面地、相互联系地进行登记

27. 存在对应关系的账户称为(　　)。
    A. 对应账户　　　B. 一级账户　　　C. 总分类账户　　　D. 明细分类账户

28. 下列会计分录中,属于简单会计分录的是(　　)。
    A. 一借多贷　　　B. 一贷多借　　　C. 一借一贷　　　D. 多借多贷

29. "应收账款"账户期初余额为 5 000 元,本期借方发生额为 6 000 元,贷方发生额为 4 000 元,则期末余额为(　　)元。
    A. 借方 5 000　　B. 贷方 3 000　　C. 借方 7 000　　D. 贷方 2 000

30. 某企业有甲、乙两种材料,原材料总账期初余额 4 万元,本期贷方发生额 3 万元,甲材料明细账期末余额 2 万元,乙材料明细账期末余额 4 万元,原材料总账本期借方发生额是

（　　）万元。

　　A. 1　　　　　　　B. 3　　　　　　　C. 5　　　　　　　D. 7

31. 账户余额一般与（　　）在同一方向。

　　A. 减少额　　　　B. 增加额　　　　C. 借方发生额　　　D. 贷方发生额

32. 在借贷记账法下，负债类账户的期末余额等于（　　）。

　　A. 期初贷方余额＋本期贷方发生额－本期借方发生额

　　B. 期初借方余额＋本期贷方发生额－本期借方发生额

　　C. 期初贷方余额＋本期借方发生额－本期贷方发生额

　　D. 期初贷方余额＋本期借方发生额－本期贷方发生额

33. 在借贷记账法下，资产类账户的期末余额等于（　　）。

　　A. 期初贷方余额＋本期贷方发生额－本期借方发生额

　　B. 期初借方余额＋本期贷方发生额－本期借方发生额

　　C. 期初借方余额＋本期借方发生额－本期贷方发生额

　　D. 期初贷方余额＋本期借方发生额－本期贷方发生额

34. 借贷记账法试算平衡的依据是（　　）。

　　A. 会计等式的平衡原理　　　　　　B. 资金运动的变化规律

　　C. 平行登记的基本原理　　　　　　D. 会计账户的基本结构

35. 借贷记账法下的余额试算平衡公式是（　　）。

　　A. 每个账户的借方发生额＝每个账户的贷方发生额

　　B. 全部账户期末借方余额合计＝全部账户期末贷方余额合计

　　C. 全部账户本期借方发生额合计＝全部账户本期贷方发生额合计

　　D. 全部账户期末借方余额合计＝部分账户期末贷方余额合计

36. 下列关于总分类账户与明细分类账户关系的表述中，不正确的是（　　）。

　　A. 两者所反映的经济业务的内容相同

　　B. 两者所反映的经济业务内容的详细程度不同

　　C. 两者登记账簿的原始凭证不同

　　D. 两者的作用不同

四、多项选择题

1. 资产是（　　）的经济资源。

　　A. 企业所拥有或控制　　　　　　B. 能以货币计量其价值

　　C. 能给企业提供未来经济利益　　D. 具有实物形态

2. 下列各项会计科目中，属于损益类的有（　　）。

　　A. 制造费用　　　B. 管理费用　　　C. 长期待摊费用　　D. 财务费用

3. 下列会计科目属于资产类的有（　　）科目。

　　A. "应收账款"　　B. "预收账款"　　C. "预付账款"　　D. "应付账款"

4. 下列会计科目属于流动资产类的有（　　）科目。

　　A. "无形资产"　　B. "原材料"　　C. "应收账款"　　D. "长期待摊费用"

5. 账户的左、右两方，哪一方登记增加数，哪一方登记减少数，取决于（　　）。

A. 账户的类别   B. 账户的级别

C. 记账方法   D. 所记录经济业务的内容

6. 设置会计科目应遵循的原则有（　　）。

    A. 必须结合会计对象的特点   B. 要保持相对稳定

    C. 要符合企业内部经营管理的需要   D. 要做到统一性与灵活性相结合

7. 账户的基本结构一般应包括的内容有（　　）。

    A. 账户的名称   B. 日期和摘要

    C. 凭证种类和号数   D. 增加、减少的金额及余额

8. 复式记账法的特点有（　　）。

    A. 可以系统、全面地反映经济业务的内容

    B. 可以简化登记账簿的工作

    C. 可以清楚地反映经济业务的来龙去脉

    D. 便于核对账户的记录

9. 在借贷记账法下，账户的借方登记（　　）。

    A. 资产的增加   B. 成本费用的增加

    C. 收入的减少   D. 所有者权益的增加

10. 在借贷记账法下，账户的借方登记（　　）。

    A. 收入的结转   B. 负债的减少

    C. 资产的减少   D. 所有者权益的减少

11. 在借贷记账法下，账户的贷方登记（　　）。

    A. 资产的减少   B. 收入的减少

    C. 成本费用的减少   D. 权益的减少

12. 期末余额在账户贷方的有（　　）。

    A. 资产类账户   B. 负债类账户

    C. 所有者权益类账户   D. 成本费用类账户

13. 编制会计分录时必须考虑（　　）。

    A. 经济业务发生涉及的会计要素是增加还是减少

    B. 在账簿中登记借方还是贷方

    C. 登记在账户的借方还是贷方

    D. 账户的余额是在借方还是贷方

14. 复合会计分录有（　　）。

    A. 一借多贷   B. 一贷多借   C. 多借多贷   D. 一借一贷

15. 借贷记账法的试算平衡方法有（　　）。

    A. 发生额平衡   B. 余额平衡

    C. 会计要素平衡   D. 借贷平衡

16. 下列借贷记账法试算平衡公式中，正确的有（　　）。

    A. 资产账户借方发生额合计＝负债账户贷方发生额合计

    B. 全部账户借方发生额合计＝全部账户贷方发生额合计

    C. 全部账户借方余额合计＝全部账户贷方余额合计

D. 资产账户借方发生额合计＝资产账户贷方发生额合计

17. 下列各项错误中,不能通过试算平衡发现的有( )。
    A. 某些经济业务未登记入账
    B. 只登记借方金额,未登记贷方金额
    C. 应借应贷的账户中借贷方向相反
    D. 借、贷双方同时多记了相等的金额

18. 单式记账法的特点是( )。
    A. 没有一套完整的账户体系
    B. 账户间未形成相互对应的关系
    C. 不便于检查账户记录的正确性
    D. 不能反映经济业务的来龙去脉

19. 在借贷记账法下,账户的基本结构是( )。
    A. 左方为借方,右方为贷方
    B. 资产增加记借方,负债及所有者权益增加记贷方
    C. 收入增加记借方,费用增加记贷方
    D. 借方余额表示资产,贷方余额表示负债或所有者权益

20. 下列有关借贷记账法记账规则的说法中,正确的是( )。
    A. 对任何类型的经济业务,都一律采用"有借必有贷,借贷必相等"的规则
    B. 不论是一借多贷、一贷多借、还是多借多贷,借、贷双方的金额必须相等
    C. 运用借贷记账法记账,在有关账户之间都会形成应借、应贷的相互关系
    D. 按照这一记账规则登账的结果是,账户的借方发生额合计与贷方发生额合计必然相等

21. 设置会计科目时应遵循的原则有( )。
    A. 既要适应需要又要保持相对稳定　　 B. 统一性与灵活性相结合
    C. 会计科目要简明适用　　 D. 符合对外报告的要求

22. 明细分类科目( )。
    A. 是进行总分类核算的依据
    B. 提供更加详细具体的指标
    C. 是对总分类科目核算内容详细分类的科目
    D. 是进行明细分类核算的依据

23. 账户一般可以提供的金额指标有( )。
    A. 本期减少发生额　　　　 B. 期末余额
    C. 本期增加发生额　　　　 D. 期初余额

24. 借贷记账法的记账符号"贷"对于下列会计要素表示增加的有( )。
    A. 资产　　　　 B. 负债　　　　 C. 所有者权益　　 D. 利润

25. 下列账户中,贷方登记增加数的有( )账户。
    A. "盈余公积"　 B. "本年利润"　 C. "应付账款"　　 D. "累计折旧"

26. 采用借贷记账法时,账户的借方一般用来登记( )。
    A. 负债的增加　　　　　　　 B. 所有者权益的减少

    C. 资产的增加   D. 收入的减少

27. 下列账户中,在会计期末一般没有余额的账户有(　　)。

    A. 收入类账户   B. 利润类账户   C. 资产类账户   D. 负债类账户

28. 复合会计分录是指(　　)。

    A. 多借一贷的会计分录   B. 多借多贷的会计分录

    C. 一借一贷的会计分录   D. 一借多贷的会计分录

29. 下列各项中,通过试算无法发现错误的有(　　)。

    A. 借贷记账方向彼此颠倒   B. 方向正确但记错账户

    C. 漏记或重记某项经济业务   D. 账户正确但记错方向

30. 总分类账户与明细分类账户平行登记的要点有(　　)。

    A. 登记的金额相同   B. 登记的依据相同

    C. 登记的方向相同   D. 登记的时间相同

31. 企业用银行存款偿还应付账款,引起会计要素变化的有(　　)。

    A. 负债减少   B. 收入减少   C. 资产增加   D. 资产减少

五、判断题

1. 企业在不违反国家统一会计制度的前提下,可以根据实际情况自行增设、减少或合并某些会计科目。（　　）

2. 借贷记账法中的"借""贷"分别表示债权和债务。（　　）

3. 只要实现了期初余额、本期发生额和期末余额的平衡关系,就说明账户记录正确。（　　）

4. 借贷记账法下,账户的借方记录资产的增加或权益的减少,贷方记录资产的减少或权益的增加。（　　）

5. 收入类账户期末一般无余额。（　　）

6. "预收账款"账户属于资产类账户,"预付账款"账户属于负债类账户。（　　）

7. 会计科目是由会计制度规定的。（　　）

8. 设置会计科目应遵循统一性和灵活性相结合的原则。（　　）

9. 二级科目(子目)不属于明细分类科目。（　　）

10. 会计科目与会计账户反映的经济内容是相同的。（　　）

11. 上期账户的余额转入本期即为本期的期初余额。（　　）

12. 如果定期汇总的全部账户记录平衡说明账户金额记录完全正确。（　　）

13. 在借贷记账法下,账户用哪一方登记增加或减少取决于账户的性质。（　　）

14. 收入类账户与费用类账户一般没有期末余额,但有期初余额。（　　）

15. 双重性质账户一般是指将两个性质不同的账户合并在一起的账户。（　　）

16. 企业购入材料而货款未付,其资产与负债会同时减少。（　　）

17. 会计分录包括业务涉及的账户名称、记账方向和金额三方面内容。（　　）

18. 会计分录中的账户之间的相互依存关系称为账户的对应关系。（　　）

19. 账户按提供资料的详细程度不同可分为总账和明细账两种。（　　）

20. "有借必有贷,借贷必相等"是借贷记账法的记账规则。（　　）

21. 平行登记要点中的"同内容"指的是相同的经济业务内容。　　　　　　（　　）

六、会计实务题

习题一

一、目的:熟悉会计科目的性质和分类。

二、资料:

会计科目	科目性质
（1）长期借款	A. 资产
（2）盈余公积	
（3）应交税费	B. 负债
（4）预付账款	
（5）其他应收款	C. 所有者权益

三、要求:用直线连接,说明上列科目应归属哪个会计要素。

习题二

一、目的:练习资产与权益的平衡关系。

二、资料:某企业 2013 年 5 月 31 日有关资产与权益情况如下表所示:

资产与权益　　　　　　　　　　　　　　　　　　元

序　号	项　目	金　额
（1）	出纳员保管的现金	1 000
（2）	存在银行的款项	100 000
（3）	库存的工具	5 000
（4）	库存原材料	40 000
（5）	库存燃料	10 000
（6）	正在加工中的产品	20 000
（7）	库存完工产品	30 000
（8）	暂借给职工的差旅费	2 000
（9）	暂付给供应单位的包装物押金	2 000
（10）	应收购货单位的销货款	40 000
（11）	房屋建筑物	100 000
（12）	工作的机器设备	100 000
（13）	运输汽车	150 000
（14）	投资人投入资本	450 000

（续表）

序　号	项　目	金　额
（15）	经营过程中形成的盈余公积金	40 000
（16）	向银行借入的短期借款	50 000
（17）	应付供应单位的购料款	30 000
（18）	暂收购货单位的包装物押金	4 000
（19）	应付的罚金	6 000
（20）	应缴未缴的税金	20 000

三、要求：根据以上表中的资料，按照资产、负债和所有者权益项目的名称进行汇总，填入下表，并计算其合计看其是否平衡。

会计要素与会计科目

资料序号	应归属会计要素的类别及金额			应归属会计科目
	资　产	负　债	所有者权益	
（1）				
（2）				
（3）				
（4）				
（5）				
（6）				
（7）				
（8）				
（9）				
（10）				
（11）				
（12）				
（13）				
（14）				
（15）				
（16）				
（17）				
（18）				
（19）				
（20）				
合　计				——

习题三

一、目的:练习经济业务的发生对会计等式的影响。

二、资料:

1. 某企业 2018 年 5 月 1 日资产项目合计为 600 000 元,负债项目合计为 110 000 元,所有者权益项目合计为 490 000 元。

2. 该企业 2018 年 5 月发生下列经济业务:

(1) 企业销售产品一批,金额 10 000 元,货款收回并存入银行。

(2) 购入材料一批已入库,金额 5 000 元,料款暂欠。

(3) 购入材料一批已入库,金额 3 000 元,款项以银行存款支付。

(4) 国家投入设备一台,价值 50 000 元。

(5) 从银行借入短期借款 30 000 元,存入银行。

(6) 收到购货单位归还前欠货款 20 000 元,存入银行。

(7) 以现金 1 000 元,支付采购员张斌出差的差旅费。

(8) 以银行存款 20 000 元偿还短期借款。

(9) 接受捐赠设备一台,价值 20 000 元。

(10) 从银行取得借款 50 000 元,直接偿还前欠购料款。

(11) 以银行存款 20 000 元缴纳税金。

(12) 以银行存款 10 000 元偿还前欠购料款。

(13) 从银行提取现金 2 000 元备用。

(14) 将盈余公积 10 000 元转增资本。

三、要求:

1. 逐项分析上述经济业务发生后对资产、负债和所有者权益三个要素增减变动的影响,并判断资产总额和权益总额之间的平衡关系是否被破坏。

2. 计算 5 月月末资产、负债和所有者权益三个要素的总额,并列出会计等式。

习题四

一、目的:练习用借贷记账法编制会计分录和登记账簿。

二、资料

1. 某企业 2018 年 5 月 1 日有关账户余额如下:

账户余额 元

资 产		权 益	
账户名称	金额	账户名称	金额
库存现金	1 000	短期借款	20 000
银行存款	20 000	应付账款	6 000

（续表）

资　产		权　益	
应收账款	5 000	其他应付款	4 000
其他应收款	2 000	应交税费	2 000
原材料	30 000	实收资本	80 000
生产成本	2 000	资本公积	5 000
库存商品	10 000	盈余公积	3 000
固定资产	50 000		
资产合计	120 000	权益合计	120 000

2. 2018 年 5 月发生如下经济业务：

(1) 从银行提取现金 2 000 元，以备零用。

(2) 收到投资人投入的资金 50 000 元，存入银行。

(3) 以银行存款 2 000 元，缴纳应交税金。

(4) 购买材料一批，价款 5 000 元，材料已经入库，货款未付。

(5) 以银行存款偿还前欠材料款 6 000 元。

(6) 收到购货单位偿付的前欠货款 5 000 元，存入银行。

(7) 从银行取得借款 20 000 元并存入银行。

(8) 以银行存款 10 000 元购买设备一台。

(9) 将资本公积 4 000 元转增资本。

(10) 采购员预借差旅费 1 000 元，以现金支付。

(11) 销售产品一批，价款 6 000 元，收到款项存入银行。

(12) 将多余现金 1 000 元存入银行。

三、要求：

1. 根据上述资料(1)开设账户，并登记期初余额；

2. 根据上述资料(2)采用借贷记账法编制会计分录；

3. 根据所编会计分录登记账户；

4. 结算每个账户的本期发生额和期末余额；

5. 根据全部账户的期初余额、本期发生额和期末余额编制试算平衡表，进行试算平衡。

习题五

一、目的：练习通过账户对应关系了解经济业务的内容。

二、资料：某企业 2017 年 9 月部分账户登记如下：

	库存现金	
借		贷
期初余额　2 000	（5）1 000	
（1）　　1 000		

	原材料	
借		贷
期初余额　10 000		
（2）　　5 000		
（7）　　1 000		

	银行存款	
借		贷
期初余额　50 000	（1）　　1 000	
（6）　　8 000	（3）　 10 000	
	（7）　　1 000	
	（8）　 20 000	

	固定资产	
借		贷
期初余额　30 000		
（3）　 10 000		

	应收账款	
借		贷
期初余额　8 000		
	（6）　　8 000	

	短期借款	
借		贷
（8）　 20 000	期初余额　40 000	
	（4）　 10 000	

	其他应收款	
借		贷
期初余额　1 000		
（5）　　1 000		

	应付账款	
借		贷
（4）　 10 000	期初余额　5 000	
	（2）　　5 000	

三、要求：根据账户的对应关系，用文字叙述以上账户中登记的1—8项经济业务的内容，并写出会计分录。

习题六

一、目的：熟悉并掌握借贷记账法下的账户结构及账户金额指标的计算方法。

二、资料：东海公司 2017 年 12 月 31 日有关账户的资料见下表：

账户的资料　　　　　　　　　　　　　　　　　　元

账户名称	期初余额		本期发生额		期末余额	
	借方	贷方	借方	贷方	借方	贷方
长期股权投资	400 000		220 000	10 000	（　　）	
银行存款	60 000		（　　）	80 000	90 000	
应付账款		40 000	35 000	30 000		（　　）

（续表）

账户名称	期初余额		本期发生额		期末余额	
	借方	贷方	借方	贷方	借方	贷方
短期借款		45 000	（　　）	10 000		30 000
应收账款	（　　）		30 000	50 000	20 000	
实收资本		350 000	0	（　　）		620 000
其他应付款		25 000	25 000	0		（　　）
盈余公积		（　　）	35 000	30 000		35 000

三、要求：

根据各类账户期初余额、本期增加发生额、本期减少发生额和期末余额之间的关系，计算上表中括号中的未知数，并且将计算结果分别填入表中括号中。

第五章　制造企业主要经济业务的核算

一、本章重要名词解释

1. 生产费用
2. 制造费用
3. 成本项目
4. 期间费用
5. 管理费用
6. 未分配利润
7. 生产成本
8. 营业外支出
9. 营业外收入
10. 财务费用
11. 长期待摊费用

二、简答题

1. 为什么要设置"预付账款""其他应付款"账户？
2. 说明企业净利润的计算过程。
3. 简要说明制造企业资金运动的内容以及由此形成的主要经济业务内容。
4. 成本与费用有什么区别？
5. 说明企业资本公积的主要来源、用途和核算方法。
6. 原材料采购成本包括哪些内容？材料采购费用如何记入材料的采购成本？
7. 简要说明生产费用、生产成本的含义及其相互关系。
8. 怎样理解"累计折旧"账户的用途及结构？计提折旧为什么不直接冲减"固定资产"账户？

三、单项选择题

1. 企业摊销以前月份预付但应由本月负担的租金,体现的会计原则是(　　　)。
   A. 实际成本原则　　　　　　　　B. 收付实现制原则
   C. 权责发生制原则　　　　　　　D. 重要性原则
2. 企业合理预计可能发生的损失,体现的会计原则是(　　　)。
   A. 真实性原则　　　　　　　　　B. 谨慎性原则
   C. 可比性原则　　　　　　　　　D. 一致性原则

3. 企业应正确计算和结转当期销售成本,体现的会计原则是(　　　)。

  A. 配比原则   B. 实际成本原则

  C. 可比性原则   D. 明晰性原则

4. 企业购买固定资产发生的运输费用计入其原值内而不计入当期损益,体现的会计原则是(　　　)。

  A. 收付实现制原则   B. 权责发生制原则

  C. 划分资本性支出与收益性支出原则   D. 谨慎性原则

5. "生产成本"账户的余额表示(　　　)。

  A. 月末尚未完工的在产品成本   B. 本月完工产品的成本

  C. 本月发生的生产成本累计数   D. 本月尚没有销售的产品成本

6. "固定资产"账户的余额表示(　　　)。

  A. 期末固定资产净值   B. 期末固定资产原值

  C. 本期购进的固定资产原值   D. 固定资产本期磨损价值

7. 下列各项支出中,不应计入存货成本的是(　　　)。

  A. 买价   B. 外地运杂费

  C. 市内运费   D. 入库前挑选整理费

8. 车间管理人员的工资应计入(　　　)。

  A. 生产成本   B. 制造费用   C. 管理费用   D. 预付账款

9. 企业预提应由本月负担的利息应借记(　　　)账户。

  A. "其他应付款"   B. "财务费用"   C. "预付账款"   D. "管理费用"

10. 企业支付本月的财产保险费,应借记(　　　)账户。

  A. "管理费用"   B. "预付账款"   C. "财务费用"   D. "销售费用"

11. 企业确认一笔坏账损失,应贷记的是(　　　)账户。

  A. "管理费用"   B. "应收账款"   C. "坏账准备"   D. "坏账损失"

12. 某工业企业提供运输劳务的收入,应作为(　　　)。

  A. 其他业务收入   B. 营业外收入

  C. 主营业务收入   D. 主营业务收入

13. 企业应按(　　　)的10%提取法定盈余公积金。

  A. 利润总额   B. 税后利润   C. 未分配利润   D. 息税前利润

14. 下列属于资产类账户的是(　　　)账户。

  A. "其他应付款"   B. "预付账款"   C. "利润分配"   D. "管理费用"

15. "累计折旧"账户属于(　　　)账户。

  A. 资产类   B. 负债类   C. 费用类   D. 所有者权益类

16. "固定资产"账户的余额减去"累计折旧"账户的余额表示(　　　)。

  A. 固定资产的账面净值   B. 固定资产的可变现净值

  C. 固定资产原值   D. 固定资产重置价值

17. 下列项目中不属于存货的是(　　　)。

  A. 库存商品   B. 原材料   C. 厂房   D. 在产品

18. 流动负债是指偿还期(　　　)的债务。

A. 1 年内

B. 1 年以上

C. 1 年内或长于 1 年的一个营业周期内

D. 1 年或长于 1 年的一个营业周期以上

19. 企业为职工垫付一笔应由职工自己负担的医药费,应借记(　　)账户。

A. "应付职工薪酬"　　　　　　　　B. "应收账款"

C. "其他应收款"　　　　　　　　　D. "营业外支出"

20. 可以计入产品成本的费用是(　　)。

A. 销售费用　　　B. 管理费用　　　C. 财务费用　　　D. 制造费用

21. 企业所有者权益中的盈余公积和未分配利润之和称为(　　)。

A. 留存收益　　　B. 所有者权益　　　C. 实收资本　　　D. 资本公积

22. 企业接受其他单位或个人捐赠固定资产时,应贷记(　　)账户。

A. "营业外收入"　　　　　　　　　B. "实收资本"

C. "盈余公积"　　　　　　　　　　D. "资本公积"

23. 下列交易、事项中,能引起"资本公积"账户借方发生变动的是(　　)。

A. 接受投资人分配股利　　　　　　B. 溢价发行股票

C. 接受现金捐赠　　　　　　　　　D. 资本公积转增资本

24. 有限责任公司增资扩股时,如果有新的投资者加入,则新加入的投资者缴纳的出资额大于按约定比例计算的其在注册资本中所占份额的部分应记入(　　)账户的贷方。

A. "资本公积"　　　　　　　　　　B. "盈余公积"

C. "实收资本"　　　　　　　　　　D. "股本"

25. 企业为维持正常的生产经营所需的资金而向银行等金融机构临时借入的款项称为(　　)。

A. 应付账款　　　B. 其他应付款　　　C. 长期借款　　　D. 短期借款

26. 企业计提长期借款的利息支出时应贷记(　　)账户。

A. "长期借款"　　　　　　　　　　B. "在建工程"

C. "财务费用"　　　　　　　　　　D. "应付利息"

27. 企业设置"固定资产"账户是用来反映固定资产的(　　)。

A. 原始价值　　　B. 净值　　　C. 磨损价值　　　D. 累计折旧

28. 甲企业购进材料 100 吨,货款计 1 000 000 元,途中发生定额内损耗 1 000 元,并以银行存款支付该材料的运杂费 1 000 元、保险金 5 000 元,增殖税进项税额为 160 000 元。则该材料的采购成本为(　　)元。

A. 1 000 000　　　B. 1 005 000　　　C. 1 006 000　　　D. 1 175 000

29. 企业的应付账款如果确实无法支付的,经批准后,应贷记(　　)账户。

A. "管理费用"　　　　　　　　　　B. "资本公积"

C. "营业外收入"　　　　　　　　　D. "营业外支出"

30. 某制造业企业为增值税一般纳税人。本期外购原材料一批,取得的增值税专用发票上注明的买价为 20 000 元、增值税税额为 3 200 元,入库前发生的挑选整理费用为 1 000 元。则该批原材料的入账价值为(　　)元。

A. 21 000   B. 24 200   C. 20 000   D. 23 200

31. 某企业"本年利润"账户 5 月月末账面余额为 62 万元,表示(　　)。

     A. 5 月份实现的利润总额   B. 1—5 月份累计实现的营业利润

     C. 1—5 月份累计实现的利润总额   D. 1—5 月份累计实现的产品销售利润

32. 下列账户中,与"制造费用"账户不可能发生对应关系的是(　　)账户。

     A. "应付职工薪酬"   B. "库存商品"

     C. "生产成本"   D. "应付账款"

33. 企业 8 月月末负债总额 1 200 万元,9 月份收回欠款 150 万元,用银行存款归还借款 100 万元,用银行存款预付购货款 125 万元,则 9 月月末的负债总额为(　　)万元。

     A. 1 125   B. 1 050   C. 1 100   D. 1 350

34. 下列各项费用中,不构成产品成本,而应直接计入当期损益的是(　　)。

     A. 期间费用   B. 制造费用   C. 直接材料   D. 直接人工

35. 企业"应付账款"账户的借方余额反映的是(　　)。

     A. 预付给供货单位的款项   B. 应收购货单位的款项

     C. 应付给供货单位的款项   D. 预收购货单位的款项

36. 年末结账后,"利润分配"账户的贷方余额表示(　　)。

     A. 本年利润分配总额   B. 年末未分配利润额

     C. 本年实现的利润总额   D. 本年实现的净利润额

37. 企业发生的下列经济业务中,能引起资产和负债同时增加的业务是(　　)。

     A. 预收销货款存入银行   B. 用银行存款购买原材料

     C. 提取盈余公积金   D. 年终结转净利润

38. 采用账结法的企业,"本年利润"账户年内贷方余额表示(　　)。

     A. 累计净利润额   B. 未分配利润额

     C. 利润总额   D. 亏损总额

39. 按权责发生制原则的要求,下列货款应确认为本期业务收入的是(　　)。

     A. 本月预收下月货款存入银行   B. 收到本月仓库租金存入银行

     C. 本月销售产品款未收到   D. 上月销货款本月收存银行

40. 下列内容不属于企业营业外支出的是(　　)。

     A. 处置固定资产净损失   B. 处置无形资产净损失

     C. 非常损失   D. 坏账损失

41. 企业 6 月份发生下列业务:支付上个月水电费 2 400 元;预付下半年的房租1 500 元;预提本月借款利息 600 元;计提本月折旧 480 元。则按权责发生制和收付实现制原则计算的本月费用分别为(　　)。

     A. 1 080 元和 3 900 元   B. 3 480 元和 1 080 元

     C. 4 980 元和 3 900 元   D. 3 900 元和 2 580 元

42. 某企业年初未分配利润为 100 万元,本年净利润为 1 000 万元,按 10% 计提法定盈余公积,按 5% 计提任意盈余公积,该企业期末未分配利润为(　　)万元。

     A. 935   B. 990   C. 850   D. 874

43. 下列内容不属于材料采购成本的构成项目的是(　　)。

A. 运输途中的合理损耗   B. 采购机构经费

C. 材料的买价   D. 外地运杂费

44. 产品制造成本的成本项目中不包括( )。

     A. 制造费用   B. 生产费用   C. 直接材料   D. 直接人工

45. 在企业经营过程中,当可以直接确定某种费用是为某项经营活动产生时,我们称这种费用为该成本计算对象的( )。

     A. 间接费用   B. 期间费用   C. 生产费用   D. 直接费用

46. 下列不属于期间费用的是( )。

     A. 制造费用   B. 管理费用   C. 财务费用   D. 销售费用

47. 企业为生产产品而发生的各项间接费用,应首先归集在( )账户。

     A. "在建工程"   B. "生产成本"   C. "材料采购"   D. "制造费用"

48. 企业收到上月销售给某单位的货款 8 000 元。这笔经济业务编制的会计分录为( )。

     A. 借:银行存款   8 000

           贷:主营业务收入   8 000

     B. 借:银行存款   8 000

           贷:预收账款   8 000

     C. 借:银行存款   8 000

           贷:其他应收款   8 000

     D. 借:银行存款   8 000

           贷:应收账款   8 000

49. 下列各项中,会导致留存收益总额发生增减变动的是( )。

     A. 资本公积转增资本   B. 盈余公积补亏

     C. 盈余公积转增资本   D. 以当年净利润弥补以前年度亏损

50. 某企业 2017 年 1 月 1 日所有者权益构成情况如下:实收资本 1 500 万元,资本公积 100 万元,盈余公积 300 万元,未分配利润 200 万元。2017 年度实现的利润总额为 600 万元,企业所得税税率为 25%。假定不存在纳税调整事项及其他因素,该企业 2×17 年 12 月 31 日可供分配的利润为( )万元。

     A. 600   B. 650   C. 800   D. 1 100

四、多项选择题

1. 构成产品生产成本的有( )。

     A. 直接材料   B. 直接人工   C. 管理费用   D. 制造费用

2. 产品制造企业因采购材料而发生的装卸费用,支付时应计入( )账户。

     A. 产品生产成本   B. 库存商品成本

     C. 材料采购成本   D. 产品销售成本

3. 能够直接确定并计入某种产品成本的费用为( )

     A. 生产成本   B. 间接费用   C. 直接费用   D. 期间费用

4. 在生产过程中,为生产某种产品而发生的各种耗费称为( )。

A. 产品成本　　　　B. 制造费用　　　　C. 直接费用　　　　D. 期间费用

5. 出售材料物资取得的收入应计入(　　)账户。

    A. 营业收入　　　　　　　　　　　B. 其他业务收入

    C. 营业外收入　　　　　　　　　　D. 投资收益

6. "应收账款"账户核算的内容有(　　)。

    A. 赊销的收入　　　　　　　　　　B. 销售时代垫的运杂费

    C. 职工临时借款　　　　　　　　　D. 预付的货款

7. 计算固定资产折旧需考虑的因素有(　　)。

    A. 固定资产原值　　　　　　　　　B. 固定资产预计使用年限

    C. 固定资产预计残值　　　　　　　D. 固定资产预计清理费用

8. 供应过程核算通常应设置的账户主要有(　　)账户。

    A. "原材料"　　　　B. "在途物资"　　　　C. "应交税费"　　　　D. "银行存款"

9. 年终结转之后一般没有余额的是(　　)账户。

    A. "本年利润"　　　　B. "财务费用"　　　　C. "生产成本"　　　　D. "库存商品"

10. 企业预付下年度的广告费,应(　　)账户。

    A. 借记"其他应付款"　　　　　　　B. 借记"应付账款"

    C. 借记"预付账款"　　　　　　　　D. 贷记"银行存款"

11. 下列各项中,会影响营业利润计算的有(　　)。

    A. 营业外收入　　　　B. 营业成本　　　　C. 财务费用　　　　D. 制造费用

12. 产品生产成本的构成项目主要有(　　)。

    A. 直接材料　　　　B. 直接人工　　　　C. 管理费用　　　　D. 制造费用

13. 制造企业的主要经济业务包括(　　)。

    A. 资金筹集业务　　　　　　　　　B. 供应过程业务

    C. 产品生产业务　　　　　　　　　D. 产品销售业务

14. 企业购入材料的采购成本包括(　　)。

    A. 材料买价　　　　　　　　　　　B. 增值税进项税额

    C. 采购费用　　　　　　　　　　　D. 采购人员差旅费

15. 在"税金及附加"账户借方登记的内容有(　　)。

    A. 增值税　　　　　　　　　　　　B. 消费税

    C. 城市维护建设税　　　　　　　　D. 印花税

16. 下列项目应在"管理费用"账户中核算的有(　　)。

    A. 工会经费　　　　　　　　　　　B. 董事会会费

    C. 业务招待费　　　　　　　　　　D. 车间管理人员工资

17. 企业的资本金按其投资主体不同可以分为(　　)。

    A. 货币投资　　　　B. 国家投资　　　　C. 个人投资　　　　D. 法人投资

18. 某企业会计人员误将当月发生的增值税进项税额计入材料采购成本,其结果会使(　　)。

    A. 月末资产增加　　　　　　　　　B. 月末利润增加

    C. 月末负债增加　　　　　　　　　D. 月末财务费用增加

19. 为了具体核算企业利润分配及未分配利润情况,"利润分配"账户应设置相应的明细账户,下列属于"利润分配"明细账户的有( )账户。

    A. "盈余公积补亏"　　　　　　　　　B. "提取资本公积金"

    C. "应付现金股利"　　　　　　　　　　D. "提取法定盈余公积"

20. 分配工资费用时可以通过( )科目进行核算。

    A. "生产成本"　　B. "制造费用"　　C. "管理费用"　　D. "应付职工薪酬"

21. 固定资产应按取得时的实际成本入账,其实际成本包括固定资产的( )。

    A. 买价　　　　　　B. 运杂费　　　　　C. 增值税　　　　D. 安装成本

22. 下列能引起资产和所有者权益同时增加的业务有( )。

    A. 收到外商投入设备一台　　　　　　B. 将资本公积金转增资本

    C. 收到国家投资存入银行　　　　　　D. 收到外单位捐赠设备一台

23. 生产过程中应设置的主要账户有( )账户。

    A. "制造费用"　　B. "管理费用"　　C. "生产成本"　　D. "财务费用"

24. 应计入管理费用的是( )。

    A. 行政管理人员的工资及福利费　　　B. 计提无形资产的摊销

    C. 管理部门计提的固定资产折旧　　　D. 管理部门固定资产维修费

25. 下列项目应在"管理费用"账户中核算的有( )。

    A. 业务招待费　　　　　　　　　　　B. 车间管理人员的工资

    C. 业务人员差旅费　　　　　　　　　D. 审计咨询费

26. 企业实现的净利润应进行的分配有( )。

    A. 提取法定盈余公积金　　　　　　　B. 提取任意盈余公积金

    C. 向投资人分配利润　　　　　　　　D. 计算缴纳所得税

27. 构成财务成果的内容包括( )。

    A. 实现的营业利润　　　　　　　　　B. 发生的营业外支出

    C. 发生的营业外收入　　　　　　　　D. 所得税费用

28. 按工资总额提取工会经费的会计分录的借方账户,可能是( )账户。

    A. "生产成本"　　　　　　　　　　　B. "制造费用"

    C. "管理费用"　　　　　　　　　　　D. "应付职工薪酬"

29. 接受投资入股时,可能借记( )账户。

    A. "银行存款"　　B. "固定资产"　　C. "无形资产"　　D. "生产成本"

30. 关于"本年利润"账户,下列说法中正确的有( )。

    A. 借方登记期末转入的各项支出额

    B. 借方余额为发生的亏损额

    C. 贷方登记期末转入的各项收入

    D. 贷方余额为实现的累计净利润额

31. 月末编制调整分录时,记入"税金及附加"账户借方的内容有( )。

    A. 计算应交所得税　　　　　　　　　B. 计算应交城市维护建设税

    C. 计算应交教育费附加　　　　　　　D. 计算应交增值税

32. 下列项目中,属于利润分配内容的有( )。

  A. 弥补上年度亏损   B. 提取法定盈余公积

  C. 向投资者分配利润   D. 提取任意盈余公积

33. 下列账户在期末结转利润后,无余额的是( )账户。

  A. "所得税费用"   B. "税金及附加"

  C. "主营业务成本"   D. "应交税金"

34. 下列各项中,不应确认为营业外收入的有( )。

  A. 存货盘盈   B. 流动资产盘盈

  C. 固定资产盘盈   D. 无法查明原因的现金溢余

35. 下列采购费用不计入材料采购成本,而是列作管理费用的有( )。

  A. 市内采购材料的零星运杂费 B. 运输途中的合理损耗

  C. 采购人员差旅费   D. 专设采购机构经费

36. 在核算材料采购业务时,与"在途物资"账户相对应的账户一般有( )账户。

  A. "应付账款"   B. "应付票据"

  C. "银行存款"   D. "预付账款"

37. 下列关于"制造费用"账户的说法中,正确的有( )。

  A. 期末余额在借方,表示在产品的制造费用

  B. 期末结转"本年利润"账户后没有余额

  C. 借方登记实际发生的各项制造费用

  D. 贷方登记分配转入产品成本的制造费用

38. 在下列业务所产生的收入中,属于其他业务收入的有( )。

  A. 出租无形资产收入   B. 提供产品修理服务收入

  C. 出售固定资产收入   D. 出售材料收入

39. 营业收入的实现可能引起( )。

  A. 负债的减少   B. 负债的增加

  C. 资产的增加   D. 资产和负债同时增加

40. 对于共同性采购费用,应分配计入材料采购成本,下列内容可以用来作为分配材料采购费用标准的有( )。

  A. 材料的重量   B. 材料的体积

  C. 材料的买价   D. 材料的种类

41. 产品在生产过程中发生的各项生产费用,按其经济用途进行分类构成产品生产成本的成本项目,具体包括( )。

  A. 其他直接支出   B. 制造费用

  C. 直接材料   D. 直接工资

42. 确定本月完工产品成本时,影响其生产成本计算的因素主要有( )。

  A. 月末库存产品成本   B. 月末在产品生产成本

  C. 月初在产品成本   D. 本月发生的生产费用

43. 企业的资本公积金是投资者或他人投入到企业、所有权归属投资者并且金额上超过法定资本部分的资本,其形成的主要来源有(

  A. 接受捐赠   B. 税后利润中提取

C. 股本溢价   D. 接受投资

44. 下列各项中,年度终了需要转入"利润分配——未分配利润"科目的有( )科目。

  A. "本年利润"   B. "利润分配——应付现金股利"

  C. "利润分配——盈余公积补亏"   D. "利润分配——提取法定盈余公积"

五、判断题

1. 期间费用应计入当期损益,而不应当由当期产品成本负担。   ( )

2. 企业出售废旧材料的收入属于营业外收入。   ( )

3. 法定盈余公积金是根据企业利润总额的一定比例提取的。   ( )

4. 企业购买固定资产的支出属于资本性支出。   ( )

5. 流动资产是指 1 年内或长于 1 年的一个营业周期内变现或耗用的资产。   ( )

6. 计提固定资产折旧将使企业的资产与负债同时减少。   ( )

7. 企业接受投资和接受捐赠都使所有者权益增加。   ( )

8. 企业收到出租包装物的押金应贷记"其他应收款"账户。   ( )

9. 期间费用账户的借方发生额应于期末时采用一定的方法分配计入产品成本。 ( )

10. 企业用支票支付购货款时,应通过"应付票据"账户进行核算。   ( )

11. 企业对于确实无法支付的应付账款,应在确认时增加企业的资本公积。   ( )

12. 融资租入的固定资产在租赁期内,因为所有权不属于企业,所以,在使用过程中不需要计提折旧。   ( )

13. 不论短期借款的用途如何,企业发生的短期借款利息支出,均应计入当期损益。   ( )

14. 增值税是企业销售收入的一个抵减项目。   ( )

15. 一般纳税人企业,采购材料时支付的进项税额应构成材料的成本。   ( )

16. 企业的资本公积金和未分配利润也称为留存收益。   ( )

17. 长期借款的利息支出应根据利息支出的具体情况予以资本化或计入当期损益。   ( )

18. 企业产生的利得或损失可能计入当期损益,也可能直接计入所有者权益。 ( )

19. 长期待摊费用也是一种费用,只不过它不能全部计入当年损益,而应当分期摊销至各有关会计年度。   ( )

20. 企业用支票支付购货款时,应通过"应付票据"账户进行核算。   ( )

21. "固定资产"账户登记企业所有的固定资产的原价以及固定资产的增减变动和结余情况,不仅包括企业购入、自建的固定资产,同时也包括融资租入的固定资产。   ( )

22. 企业对于确实无法支付的应付账款,应在确认时增加企业的营业外收入。   ( )

23. 对于预收货款业务不多的企业,可以不单独设置"预收账款"账户,其发生的预收货款可通过"应收账款"账户核算。   ( )

22. 构成产品制造成本的是"直接材料""直接人工"两个项目,制造费用属于管理费用,不构成产品成本。   ( )

23. 企业对外出售固定资产时,获得的出售收入应记入"其他业务收入"账户。 ( )

24. 企业以当年实现的利润弥补以前年度结转的未弥补亏损时,不需要进行专门的账务

处理。 （　　）

25. 按照权责发生制原则的要求,企业收到货币资金必定意味着本月收入的增加。

（　　）

26. 生产费用按其经济内容进行分类的若干个项目,在会计上称为成本项目。 （　　）

27. 企业当期实现的净利润提取了法定盈余公积金和任意盈余公积金之后的差额即为企业的未分配利润。 （　　）

28. 企业在购入材料过程中发生的采购人员的差旅费以及市内零星运杂费等不计入材料的采购成本,而作为管理费用列支。 （　　）

29. 企业向投资人分配股票股利不需要进行账务处理。 （　　）

30. 企业在销售过程中发生的销售费用直接影响营业利润的确定。 （　　）

31. 企业在经营过程中发生的某项费用计入制造费用和计入管理费用对当期经营成果的影响是相同的。 （　　）

32. 在权益不变的情况下,企业资产的增加可能是由于实现利润而引起的。 （　　）

33. 产品生产成本也就是产品的制造成本。 （　　）

34. 制造业企业发生的工资费用不一定都是生产费用。 （　　）

35. 企业购入原材料的采购成本中包括增值税进项税额。 （　　）

36. 费用和成本是既有联系又有区别的两个概念,费用与特定的计算对象相联系,而成本则与特定的会计期间相联系。 （　　）

六、计算题

（一）目的:熟悉资产、负债和所有者权益的形成。

资料:新达股份有限公司 2017 年年初所有者权益总额为 6 954 000 元,年内接受某投资人的实物投资 2 400 000 元,接受现金投资 780 000 元,用资本公积转增股本 360 000 元。

要求:计算该公司 2017 年年末的所有者权益总额。

（二）目的:掌握利润的计算过程。

资料:某企业本年有关收入、费用项目的数额如下:

收入、费用的资料　　　　　　　　　　　　　　　　　　　　　　　　元

会计科目	金　额	会计科目	金　额
主营业务收入	1 500 000	主营业务成本	1 200 000
营业外收入	80 000	税金及附加	90 000
其他业务收入	40 000	销售费用	100 000
投资收益	30 000	其他业务成本	50 000
营业外支出	12 000	管理费用	25 000
财务费用	13 000	所得税费用	100 000

要求:计算该企业本年的营业利润、营业外收支净额、利润总额和净利润。

（三）目的:熟悉利润分配的过程和计算方法。

资料:兴达股份有限公司 2017 年年初所有者权益为 7 920 000 元。本年接受友欣公司现

金投资 900 000 元。1—12 月份累积实现利润总额为 3 000 000 元(假设税前调整项目为 0)。1—11 月份累积已缴纳所得税费用 642 000 元,所得税税率为 25%。年末按税后利润的 10% 提取法定盈余公积,股东大会决定分配给投资人利润 370 000 元。

要求:计算 2017 年 12 月份应交所得税费用、年末未分配利润和年末所有者权益总额。

(四)目的:掌握完工产品生产成本的计算方法。

资料:兴达股份有限公司生产甲、乙两种产品,2017 年 7 月,有关甲、乙产品的成本计算资料如下:

(1)月初在产品成本计算表如下:

月初在产品的成本　　　　　　　　　　　　　元

在产品名称	数量(件)	直接材料	直接人工	制造费用	合　计
甲产品	800	192 000	48 000	26 000	266 000
乙产品	240	128 000	32 000	13 200	173 200
合　计		320 000	80 000	39 200	439 200

(2)本月发生的相关产品的生产费用如下:甲产品的直接材料费 660 000 元,直接人工费 233 600 元;乙产品的直接材料费 504 000 元,直接人工费 142 400 元;本月生产甲、乙产品共发生制造费用 282 000 元。

(3)月末甲产品完工 2 000 件,乙产品完工 1 200 件。

(4)月末甲产品未完工 160 件,其总成本具体构成为:直接材料 26 000 元,直接人工 16 800 元,制造费用 12 000 元,合计 54 800 元。乙产品本月全部完工,没有月末在产品。

要求:以甲、乙产品的本月直接人工费为标准分配制造费用,并计算完工产品的总成本和单位成本。

(六)目的:练习账户之间对应关系的确定。

资料:华夏公司 2013 年 12 月有关账户资料如下:"原材料"账户中期初库存材料成本为 308 500 元,本期仓库共发出材料成本 262 000 元,期末结存材料成本为 226 500 元;"应付账款"账户期初贷方余额为 208 000 元,期末贷方余额为 233 000 元。本期没有发生偿还应付款业务,本期购入材料均已入库。

要求:计算本期购入材料中已经付款的材料的金额。

七、编制会计分录

习题一

(一)目的:练习有关资金筹集业务的核算。

(二)资料:兴达公司 2017 年 12 月发生下列经济业务:

(1)从中国农业银行取得期限为 3 个月的借款 1 000 000 元,存入银行。

(2)接受新生公司投入一台机器设备,价值 300 000 元,设备已交付使用。

(3)接受光华公司货币资金投资 2 000 000 元,存入银行。

（4）计提本月短期借款利息 32 000 元。

（5）收到海康公司投资，其中，不需安装的机器设备一台，价值 400 000 元，增值税进项税额 64 000 元，设备已交付使用；原材料一批，价值 15 000 元，增值税进项税额为 2 400 元，材料已验收入库。

（6）经董事会大会决议用资本公积 500 000 元转增股本。

（三）要求：根据以上经济业务编制相应的会计分录。

习题二

（一）目的：练习固定资产购入业务的核算。

（二）资料：兴达公司本月发生下列固定资产增加业务：

（1）企业进行产品仓库建造，在建造中耗用原材料 300 000 元，发生人工费 45 000 元和制造费用 50 000 元。

（2）企业接到银行通知，借入的在建仓库的长期借款利息为 65 000 元，用银行存款支付。

（3）产成品仓库建造完毕，经验收合格交付使用，结转建造工程成本。

（4）企业购入生产用的不需安装的设备一台，买价为 200 000 元，增值税进项税额 32 000 元。购入时发生运杂费 2 000 元，保险费 500 元，开出转账支票支付全部货款。

（5）企业购入一台生产用且需要安装的 A 设备一台，价值 120 000 元，增值税进项税额 19 200 元，发生运杂费 18 000 元，款项已用银行存款支付。

（6）企业对上述需要安装的设备进行安装，耗用原材料 5 000 元，用银行存款支付安装公司的安装费 4 000 元。

（7）上述 A 设备安装完毕，经验收合格交付使用。结转工程成本。

（三）要求：根据上述经济业务编制会计分录。

习题三

（一）目的：练习制造企业供应过程的核算和采购成本的计算。

（二）资料：新华工厂为一般纳税人。2017 年 12 月发生以下有关的经济业务：

1. 4 日，采购员王明出差预借差旅费 5 000 元，开出现金支票支付。

2. 6 日，向东方工厂购进下列原材料：甲种材料 1 600 千克，单价 10 元，计 16 000 元，增值税进项税额 2 560 元；乙种材料 800 千克，单价 16 元，计 12 800 元，增值税进项税额 2 048 元。已验收入库，货款尚未支付。同时，以现金支付上述甲、乙材料的运费 480 元，运达仓库的装卸费 240 元（采购费用按材料重量比例分摊）。

3. 15 日，以银行存款归还前欠东方工厂材料款 28 800 元。

4. 17 日，从外地光明工厂购入甲种材料 550 千克，单价 10 元，增值税进项税额 880 元；乙种材料 350 千克，单价 16 元，增值税进项税额 896 元，货款以银行存款支付，材料未到。

5. 20 日，17 日采购的甲、乙材料运到，以现金支付运费 720 元（按材料重量比例分摊）。

6. 23 日，采购员王明出差归来，报销差旅费 1 350 元，退回现金 150 元。

7. 31 日，结转入库甲、乙材料的实际采购成本。

（三）要求：

1. 根据上述材料采购的经济业务，编制会计分录；

2. 登记"在途物资"和"原材料"总分类账户以及"在途物资"明细分类账户。

习题四

（一）目的：练习制造企业生产过程的核算和生产成本的计算。

（二）资料：新华工厂 12 月份发生以下经济业务：

1. 仓库本月发出各种原材料。其中生产 A 产品耗用甲材料 150 千克，单价 10 元，乙材料 100 千克，单价 16 元；生产 B 产品耗用甲材料 120 千克，单价 10 元，乙材料 80 千克，单价 16 元。管理部门一般耗用乙材料 50 千克；生产车间一般耗用乙材料 40 千克。

2. 结转本月应付职工薪酬，其中：A 产品生产工人工资 5 000 元，B 产品生产工人工资 4 000 元，生产车间管理人员工资 2 000 元，行政管理部门人员工资 3 000 元。

3. 计提本月固定资产折旧。其中车间使用的固定资产折旧 600 元，管理部门使用的固定资产折旧 300 元。

4. 按计划计提应由本月车间负担的大修理费 200 元（计提的大修费记入"其他应付款——预提大修费"账户）。

5. 生产车间报销办公费及其他零星开支 400 元，以现金支付。

6. 生产车间管理人员出差报销差旅费 2 400 元，原预支 3 000 元，余额归还现金。

7. 结转并分配本月制造费用。制造费用按生产工人工资的比例分配。

8. 计算并结转本月 A、B 产品的生产成本。本月 A 产品 100 件，B 产品 80 件，均已全部制造完工，并已验收入库，按其实际成本入账。

（三）要求：

1. 根据以上经济业务编制会计分录。

2. 编制"产品生产成本计算表"。

习题五

（一）目的：练习制造企业销售过程的核算

（二）资料：新华工厂 2017 年 12 月份发生有关销售的经济业务如下：

1. 4 日，向上海公司出售 A 产品 500 件，每件售价 60 元，增值税销项税额 4 800 元。货款已收到，存入银行。

2. 7 日，向长江公司出售 B 产品 300 件，每件售价 150 元，增值税销项税额 7 200 元，货款尚未收到；同时，以银行存款代垫运费 250 元。

3. 8 日，以银行存款支付产品在销售过程中由企业负担的运输费 800 元、包装费 200 元。

4. 15 日，收到长江公司支付的 B 产品的货款，存入银行。

5. 30 日，结转已销售产品的实际销售成本。其中，A 产品的单位生产成本每件 40 元，B 产品的单位生产成本每件 115 元。

6. 30 日，按税法的规定计提应交城建税 1 200 元，应交教育费附加 600 元。

（三）要求：

1. 根据以上经济业务编制会计分录；

2. 计算营业利润。

习题四

（一）目的：练习利润形成及利润分配的核算

（二）资料：新华工厂 2017 年 12 月份发生如下经济业务：

1. 发生确实无法偿还的应付账款一笔，金额 3 400 元，经批准转作营业外收入。

2. 因销售产品出借给大华公司包装物一批，收取大华公司交来的包装物押金 580 元，存入银行。

3. 大华公司因将包装物丢失，未能返还包装物，没收其全部押金 580 元（含税价）。

4. 销售剩余甲材料一批，取得价款收入 1 500 元，增值税销项税额 240 元，货款存入银行。

5. 结转销售甲材料的销售成本，其账面价值为 1 000 元。

6. 以银行存款支付广告费 1 200 元。

7. 出租专利权一项，取得租金收入 1 000 元，存入银行。

8. 接银行通知，已收到出租固定资产的租金收入 850 元。

9. 企业因火灾造成乙材料净损失 7 200 元，经批准转作营业外支出。

10. 以银行存款支付违约罚款 500 元。

11. 收到债券利息收入 2 000 元，存入银行。

12. 报废不需用机器一台，该机器原值为 30 000 元，已提折旧 27 000 元，机器残值收入 1 800 元。

13. 结转本月实现的有关收入及费用。假如 12 月月末各有关损益类账户的本月发生额如下：

主营业务收入	85 000 元	主营业务成本	48 000 元
销售费用	4 200 元	税金及附加	1 445 元
管理费用	1 300 元	财务费用	800 元
营业外收入	3 590 元	营业外支出	7 200 元
其他业务收入	4 350 元	其他业务成本	3 000 元
投资收益	2 000 元		

14. 按利润总额的 25% 计提本月应交所得税费用并转账。

15. 将"所得税费用"账户借方发生额结转到"本年利润"账户借方。

16. 按当年净利润的 50% 的比例向投资者分配利润。

（三）要求：

1. 根据以上资料编制会计分录。

2. 分别计算 12 月份的营业利润、利润总额以及净利润。

第六章　账户的分类

一、本章重要名词

1. 账户的用途
2. 账户的结构
3. 跨期摊配账户
4. 集合分配账户
5. 盘存类账户
6. 调整类账户
7. 抵减类账户
8. 附加类账户
9. 抵减附加类账户

二、简答题

1. 科学地进行账户分类有哪些作用?
2. 账户按其用途和结构可以分为哪些类别?
3. 账户的经济内容是什么? 账户按经济内容可分为哪几类?
4. 简述盘存类账户结构的特点。
5. 比较资产结算类账户、负债结算类账户和资产负债结算类账户结构的特点。
6. 简述集合分配类账户结构的特点。
7. 简述调整类账户的特点。
8. 举例说明计价对比类账户的特点。

三、单项选择题

1. 会计科目是(　　　)。
   A. 会计要素的名称　　　　　　　　B. 会计报表的项目名称
   C. 账簿的名称　　　　　　　　　　D. 账户的名称
2. 企业的本期增加发生额是指(　　　)。
   A. 本期某一增加的数额
   B. 本期增加金额合计－本期减少金额合计
   C. 本期期初余额＋本期增加合计
   D. 本期增加金额合计
3. (　　　)不属于损益类的会计科目。

      A. 管理费用　　　　B. 生产成本　　　　C. 产品销售成本　　D. 其他业务支出

4. 假如某企业本期期初余额为 5 600 元,本期期末余额为 5 700 元,本期减少发生额为 800 元,则该企业本期增加发生额为(　　　)元。

      A. 900　　　　　　　B. 10 500　　　　　　C. 700　　　　　　　D. 12 100

5. 建立账户体系的基础是(　　　)。

      A. 账户的用途　　　　　　　　　　　　B. 账户的经济内容

      C. 账表关系　　　　　　　　　　　　　D. 账户的结构

6. 盘存类账户属于(　　　)。

      A. 负债账户　　　　B. 资产账户　　　　C. 收入账户　　　　D. 利润账户

7. (　　　)账户具有明显的过渡性质。

      A. 集合分配类　　　　　　　　　　　　B. 财务成果类

      C. 计价对比类　　　　　　　　　　　　D. 结算类

8. 资产结算类账户的贷方登记(　　　)。

      A. 应收账款的减少　　　　　　　　　　B. 应收账款的增加

      C. 预收账款的增加　　　　　　　　　　D. 预收账款的减少

9. 财务成果类账户的余额在贷方表示(　　　)。

      A. 实现的利润总额　　　　　　　　　　B. 发生的费用总额

      C. 实现的净利润　　　　　　　　　　　D. 发生的亏损总额

10. 下列账户中,属于集合分配类账户的是(　　　)账户。

      A. "利润分配"　　　　　　　　　　　　B. "制造费用"

      C. "管理费用"　　　　　　　　　　　　D. "材料采购"

11. 下列账户中,属于计价对比类账户的是(　　　)账户。

      A. "材料成本差异"　　　　　　　　　　B. "坏账准备"

      C. "材料采购"　　　　　　　　　　　　D. "主营业务成本"

12. 下列账户中,(　　　)账户不属于调整类账户。

      A. "利润分配"　　　　　　　　　　　　B. "坏账准备"

      C. "累计折旧"　　　　　　　　　　　　D. "应收账款"

13. 当调整类账户的余额与被调整账户的余额在相同的方向时,应属于(　　　)账户。

      A. 附加类　　　　　　　　　　　　　　B. 抵减附加类

      C. 抵减类　　　　　　　　　　　　　　D. 资产类

14. "累计折旧"账户按用途和结构分类属于(　　　)账户。

      A. 成本计算类　　　　　　　　　　　　B. 费用类

      C. 附加类　　　　　　　　　　　　　　D. 资产抵减类

15. 账户按其用途和结构分类,下列属于盘存账户的是(　　　)账户。

      A. "生产成本"　　　　　　　　　　　　B. "主营业务成本"

      C. "管理费用"　　　　　　　　　　　　D. "财务费用"

16. 账户按其用途和结构分类,下列属于债务结算账户的是(　　　)账户。

      A. "预付账款"　　　B. "应收账款"　　　C. "预收账款"　　　D. "应收利息"

17. 账户按其用途和结构分类,下列属于集合分配账户的是(　　　)账户。

A."生产成本" B."管理费用" C."财务费用" D."制造费用"

18. 账户按其用途和结构分类,下列属于跨期摊配账户的是( )账户。

A."管理费用" B."其他应收款" C."制造费用" D."财务费用"

19. 账户按其用途和结构分类,下列属于备抵账户的是( )账户。

A."坏账准备" B."应收账款" C."固定资产" D."无形资产"

20. 账户按其用途和结构分类,下列属于备抵附加调整账户的是( )账户。

A."坏账准备" B."材料成本差异"

C."累计折旧" D."存货减值准备"

21. 账户按其用途和结构分类,下列属于财务成果账户的是( )账户。

A."利润分配" B."主营业务收入"

C."本年利润" D."其他业务收入"

22. 账户按其用途和结构分类,下列属于待处理财产账户的是( )账户。

A."其他应收款" B."固定资产清理"

C."其他应付款" D."待处理财产损溢"

23. 账户按其用途和结构分类,"坏账准备"账户的被调整账户是( )账户。

A."固定资产" B."应收票据" C."应收账款" D."存货"

24. 账户按其用途和结构分类,下列不属于结算账户的是( )账户。

A."应收账款" B."应付账款" C."应付职工薪酬" D."所得税费用"

25. 账户按( )分类是最基本的分类。

A. 账户的用途 B. 账户的结构

C. 账户的性质 D. 账户的经济内容

26. 不单独设置"预付账款"账户的企业,发生预付货款业务时,应记入( )账户。

A."应收账款" B."应付账款" C."其他应收款" D."其他应付款"

27. "长期待摊费用"账户按用途和结构分类,属于( )账户。

A. 损益类 B. 成本类 C. 资产类 D. 跨期摊提类

28. "其他应收款"账户按经济内容分类属于( )账户。

A. 损益类 B. 资产类 C. 成本类 D."其他应付款"

29. 账户按其用途和结构分类,"利润分配"账户是( )账户。

A. 调整 B. 所有者权益 C. 财务成果 D. 损益类

30. 账户按其用途和结构分类,企业采用计划成本计价核算存货时,下列属于计价对比账户的是( )账户。

A."原材料" B."库存商品" C."材料采购" D."固定资产"

四、多项选择题

1. 下列属于盘存账户的有( )账户。

A."原材料" B."库存商品" C."银行存款" D."固定资产"

2. 下列账户期末如有余额在借方的有( )。

A. 债权结算账户 B. 投资权益账户

C. 盘存账户 D. 成本计算账户

3. 下列账户期末一般没有余额的是( )。

    A. 收入计算类账户
              B. 费用计算类账户

    C. 盘存类账户
               D. 集合分配类账户

4. 账户的结构应该包括( )。

    A. 账户借方登记的内容
        B. 账户贷方登记的内容

    C. 账户期末余额的方向
        D. 账户余额反映的内容

5. 调整类账户按调整方式的不同,可分为( )。

    A. 附加类账户
               B. 抵减附加类账户

    C. 抵减类账户
               D. 资产类账户

6. 下列盘存账户中,( )账户通过设置明细账户可以提供数量和金额两种指标。

    A. "银行存款"
             B. "原材料"

    C. "库存商品"
              D. "库存现金"

7. 下列账户中,属于资产抵减类账户的有( )账户。

    A. "累计摊销"
              B. "坏账准备"

    C. "利润分配"
              D. "累计折旧"

8. "材料成本差异"账户是( )账户。

    A. 资产类
                B. 负债类

    C. 抵减附加类
           D. 损益表

9. 在生产过程中,用来归集制造产品的生产费用,计算产品成本的有( )账户。

    A. "制造费用"
            B. "库存商品"

    C. "生产成本"
             D. "主营业务成本"

10. 账户按其用途和结构分类,下列属于成本计算类账户的有( )账户。

    A. "制造费用"
            B. "材料采购"

    C. "生产成本"
             D. "主营业务成本"

11. 账户按其用途和结构分类,下列属于盘存账户的有( )账户。

    A. "固定资产"
    B. "主营业务成本"
    C. "原材料"
    D. "银行存款"

12. 账户按其用途和结构分类,下列属于债权结算账户的有( )账户。

    A. "预付账款"
    B. "应付股利"
    C. "预收账款"
    D. "其他应收款"

13. 账户按其用途和结构分类,下列属于双重性质账户的有( )账户。

    A. 其他往来
    B. "库存现金"
    C. "其他应付款"
    D. "银行存款"

14. 下列账户中,反映流动资产的账户有( )账户。

    A. "待摊费用"
            B. "原材料"

    C. "应收账款"
            D. "库存商品"

15. 账户按其用途和结构分类,下列属于备抵调整账户的有( )账户。

    A. "坏账准备"
            B. "存货跌价准备"

    C. "固定资产减值准备"
        D. "无形资产"

16. 账户按其用途和结构分类,下列属于备抵调整账户的有( )账户。

    A. "坏账准备"
            B. "长期投资减值准备"

    C. "累计折旧"
            D. "短期投资跌价准备"

17. 账户按其用途和结构分类,下列属于成本计算账户的有(　　)账户。
    A. "生产成本"　　B. "材料采购"　　C. "在建工程"　　D. "管理费用"
18. 账户的用途是指(　　)。
    A. 通过账户记录提供什么核算指标　　B. 反映账户期末余额的内容
    C. 开设和运用账户的目的　　　　　　D. 怎样记录经济业务
19. 账户按用途和结构分类,下列属于被调整账户的有(　　)账户。
    A. "固定资产"　　B. "应收票据"　　C. "应收账款"　　D. "存货"
20. 账户按其经济内容分类,下列属于负债账户的有(　　)账户。
    A. "预收账款"　　　　　　　　　　　B. "其他应收款"
    C. "应付职工薪酬"　　　　　　　　　D. "其他应付款"

五、判断题

1. 在所有账户中,左方均登记增加额,右方均登记减少额。　　　　　　(　　)
2. 所有经济业务的发生都会引起会计等式两边发生变化。　　　　　　(　　)
3. 一般来说,各类账户的期末余额方向与记录增加额的方向保持一致。　(　　)
4. 会计科目与账户都是对会计对象具体内容的科学分类,两者口径一致,性质相同,格式和结构也相同。　　　　　　　　　　　　　　　　　　　　　　　　　　(　　)
5. 费用(成本)类账户结构与资产类账户结构相同,收入类账户结构与权益类账户相同。
　　　　　　　　　　　　　　　　　　　　　　　　　　　　　　　　　(　　)
6. 权益类账户发生增加额时登记在该账户的贷方,发生减少额时登记在该账户的借方,其余额一般出现在账户的借方。　　　　　　　　　　　　　　　　　　　(　　)
7. 对每一个账户来说,期初余额只可能在账户的一方,即借方或贷方。　(　　)
8. 企业只能编制一借一贷、一借多贷、多借一贷的会计分录,而不能编制多借多贷的会计分录。　　　　　　　　　　　　　　　　　　　　　　　　　　　　　　(　　)
9. 账户之间最本质的差别在于其用途和结构的不同。　　　　　　　　(　　)
10. "材料采购"账户既可以归入资产类账户,也可以归入成本类账户。　(　　)
11. 资产负债结算类账户的借方余额,表示尚未收到的债权。　　　　　(　　)
12. "税金及附加""所得税费用"账户按用途和结构分类,都属于费用类账户。(　　)
13. "本年利润"账户年度中间的余额可能在借方也可能在贷方。　　　(　　)
14. 抵减附加类账户属于双重性质的结算账户。　　　　　　　　　　　(　　)
15. 调整类账户与被调整类账户的用途和结构是相同的,但反映的经济内容不同。
　　　　　　　　　　　　　　　　　　　　　　　　　　　　　　　　　(　　)
16. 账户按经济内容分类是最基本、最主要的分类。　　　　　　　　　(　　)
17. 当"其他应付款"与"其他应收款"账户的借方发生额都是支付款项时,贷方发生额都是记入相关成本或期间费用,所以二者的结构相同。　　　　　　　　　　　(　　)
18. "生产成本"既是成本计算账户,又是盘存账户,还是计价对比账户。(　　)
19. "固定资产"账户是调整账户,"累计折旧"账户是被调整账户。　　(　　)
20. "其他应付款"账户有贷方余额时为负债账户,有借方余额时为资产账户,所以"其他应付款"账户是一个双重性质账户。　　　　　　　　　　　　　　　　　(　　)

21. 调整账户与其被调整账户所反映的经济内容相同。 （　　）

22. 盘存账户的特点是有实物资产存在,并有期末余额的账户。 （　　）

23. "材料成本差异"账户有借方余额时为附加账户,有贷方余额时为备抵账户,所以"材料成本差异"账户是备抵附加调整账户。 （　　）

24. 资产账户一般都有余额,所以资产都属于盘存账户。 （　　）

25. 账户按其用途和结构分类时,同一账户不能归为其他类中,也就是不能交叉分类。 （　　）

26. "材料采购"账户是一个计算材料采购成本的成本计算账户,但同时也是一个盘存账户。 （　　）

六、计算题

目的:练习"固定资产"账户和"累计折旧"账户之间的调整关系。

（一）资料:某企业"固定资产"账户的期末余额为 250 000 元,"累计折旧"账户期末余额为 70 000 元。

（二）要求:

(1) 计算固定资产净值。

(2) 说明"固定资产"账户和"累计折旧"账户之间的关系。

七、业务练习题

目的:练习集合分配类账户及成本计算类账户的运用。

（一）资料:假设新华公司有关会计核算资料如下:

1. 生产 A 产品耗用甲材料 500 吨,计 40 000 元;生产 B 产品耗用乙材料 200 吨,计 20 000 元,车间耗用甲材料 50 吨,乙材料 10 吨,共计 5 000 元。

2. 计算应付职工工资,其中,A 产品生产工人工资 50 000 元,B 产品生产工人工资 25 000 元,车间管理员工工资 3 000 元。

3. 计提生产用固定资产折旧 7 000 元。

4. 全月投产 A 产品 10 台,B 产品 5 台,已全部完工。

（二）要求:

1. 根据上述资料汇集全月制造费用;

2. 将制造费用按 A、B 生产工人工资比例在 A、B 产品之间分配;

3. 计算完工产品的总成本及单位成本。

八、案例题

资料:新华公司材料采购按计划成本计价核算,到 2×18 年 11 月月末,其账面余额为 330 000 元,材料成本差异账面余额为贷方 8 000 元,其会计小李认为,按历史成本计价原则,原材料应按实际成本记账,因而小李在 2×18 年 11 月月末,做了如下的会计处理:

借:材料成本差异　　　　　　　　　　　　　　　　　　　　　8 000

　　贷:原材料　　　　　　　　　　　　　　　　　　　　　　　　8 000

问题:你认为会计小李的会计记录有什么错误? 应该怎样调整?

第七章　会计凭证

一、本章重要名词

1. 会计凭证
2. 原始凭证
3. 记账凭证
4. 外来原始凭证
5. 自制原始凭证
6. 一次凭证
7. 累计凭证
8. 汇总记账凭证
9. 通用通用凭证
10. 专用记账凭证
11. 收款凭证
12. 付款凭证
13. 会计凭证的传递

二、简答题

1. 会计凭证有什么作用?
2. 简述会计凭证的分类。
3. 原始凭证必须具备哪些基本内容?
4. 原始凭证的填制必须符合哪些要求?
5. 原始凭证一般应从哪几个方面进行审核?
6. 记账凭证必须具备哪些内容?
7. 记账凭证的填制要求有哪些?
8. 单式记账凭证如何填制?
9. 复式记账凭证如何填制?
10. 记账凭证审核的基本内容包括哪些?
11. 会计凭证传递的意义和基本要求有哪些?
12. 会计凭证整理保管的要求有哪些?
13. 企业会计档案保管期限是怎样规定的?

三、单项选择题

1. 将会计凭证分为原始凭证和记账凭证的标准是（　　　）。
   A. 按其填制的方法不同　　　　　　B. 按其反映的经济内容
   C. 按其填制的程序和用途　　　　　D. 按其取得的来源不同

2. 下列会计凭证中，不能作为登记入账依据的是（　　　）。
   A. 借款单　　　　　　　　　　　　B. 发货票
   C. 入库单　　　　　　　　　　　　D. 经济合同

3. 仓库使用的限额领料单，应属于（　　　）。
   A. 外来凭证　　　　　　　　　　　B. 累计凭证
   C. 一次凭证　　　　　　　　　　　D. 汇总凭证

4. 企业销售产品一批，货款尚未收到，会计人员应编制（　　　）。
   A. 付款凭证　　　　　　　　　　　B. 收款凭证
   C. 转账凭证　　　　　　　　　　　D. 累计凭证

5. 将现金存入银行，按规定应编制（　　　）。
   A. 现金收款凭证　　　　　　　　　B. 现金付款凭证
   C. 转账凭证　　　　　　　　　　　D. 银行存款收款凭证

6. 某企业销售产品一批，部分货款存入银行，部分暂欠，该企业应填制（　　　）。
   A. 收款凭证和付款凭证　　　　　　B. 收款凭证和转账凭证
   C. 付款凭证和转账凭证　　　　　　D. 两张转账凭证

7. 下列各项属于外来原始凭证的是（　　　）。
   A. 领料汇总表　　　　　　　　　　B. 入库单
   C. 出库单　　　　　　　　　　　　D. 银行收账通知

8. 一笔经济业务需要编制多张记账凭证时，可采用（　　　）。
   A. 分数编号法　　　　　　　　　　B. 双重编号法
   C. 字号编号法　　　　　　　　　　D. 单一编号法

9. 填制原始凭证时应做到大、小写数字符合规范，填写正确，如小写金额为"￥40 001.50"，则正确大写金额为（　　　）。
   A. 肆万零壹元零伍角整　　　　　　B. 四万零一元五角整
   C. 肆万零壹元伍角整　　　　　　　D. 肆万零壹元伍毛

10. 原始凭证分为一次凭证、累计凭证和汇总凭证，其划分依据是（　　　）。
    A. 取得来源不同　　　　　　　　　B. 填制方法不同
    C. 是否经过汇总　　　　　　　　　D. 用途不同

11. 领料汇总表属于会计凭证中的（　　　）。
    A. 单式凭证　　　　　　　　　　　B. 汇总原始凭证
    C. 一次凭证　　　　　　　　　　　D. 累计凭证

12. 下列属于外来原始凭证的是（　　　）。
    A. 银行收账通知单　　　　　　　　B. 出库单
    C. 入库单　　　　　　　　　　　　D. 发料汇总表

13. 下列不属于会计凭证的是(　　)。
    A. 购销合同　　　　　　　　　　B. 住宿费收据
    C. 发货票　　　　　　　　　　　D. 领料单

14. 自制原始凭证按其填制手续不同可以分为(　　)。
    A. 一次凭证和汇总凭证
    B. 单式凭证和复式凭证
    C. 一次凭证、累计凭证、汇总原始凭证和记账编制凭证
    D. 收款凭证、付款凭证、转账凭证

15. 下列不属于原始凭证基本内容的是(　　)。
    A. 填制日期　　　　　　　　　　B. 经济业务内容
    C. 应借应贷科目　　　　　　　　D. 有关人员签章

16. 原始凭证和记账凭证的相同点是(　　)。
    A. 所起作用相同　　　　　　　　B. 经济责任的当事人相同
    C. 反映经济业务的内容相同　　　D. 编制时间相同

17. 下列业务应编制转账凭证的是(　　)。
    A. 收回出售材料款　　　　　　　B. 车间领用材料
    C. 支付购买材料价款　　　　　　D. 支付材料运杂费

18. 企业将现金存入银行应编制(　　)。
    A. 银行存款收款凭证　　　　　　B. 现金收款凭证
    C. 银行存款付款凭证　　　　　　D. 现金付款凭证

19. 下列科目可能是收款凭证借方科目的是(　　)科目。
    A. "银行存款"　　　　　　　　　B. "在途物资"
    C. "材料采购"　　　　　　　　　D. "应收账款"

20. 外来原始凭证一般都是(　　)。
    A. 汇总原始凭证　　　　　　　　B. 记账凭证
    C. 一次凭证　　　　　　　　　　D. 累计凭证

21. 下列会计凭证中,属于外来原始凭证的是(　　)。
    A. 限额领料单　　　　　　　　　B. 工资计算单
    C. 差旅费报销单　　　　　　　　D. 职工出差的火车票

22. 下列各项中,不属于原始凭证基本内容的是(　　)。
    A. 填制的日期　　　　　　　　　B. 经济业务的内容
    C. 接受单位的名称　　　　　　　D. 经济业务的记账方向

23. 记账凭证的填制是由(　　)完成的。
    A. 出纳人员　　　　　　　　　　B. 会计人员
    C. 经办人员　　　　　　　　　　D. 主管人员

24. 下列科目可能是收款凭证贷方科目的是(　　)科目。
    A. "应收账款"　　　　　　　　　B. "坏账准备"
    C. "制造费用"　　　　　　　　　D. "在途物资"

25. 将会计凭证划分为原始凭证和记账凭证的依据是(　　)。

A. 填制的程序和用途　　　　　　　B. 反映的经济内容

C. 填制的时间　　　　　　　　　　D. 取得的来源

26. 记账凭证中不可能有（　　）。

　　A. 记账凭证的日期　　　　　　　B. 记账凭证的名称

　　C. 接受单位的名称　　　　　　　D. 记账凭证的编号

27. 原始凭证是（　　）的根据。

　　A. 编制科目汇总表　　　　　　　B. 编制汇总记账凭证

　　C. 登记日记账　　　　　　　　　D. 编制记账凭证

28. 制造费用分配表是（　　）。

　　A. 累计凭证　　　　　　　　　　B. 记账编制凭证

　　C. 外来原始凭证　　　　　　　　D. 通用记账凭证

29. 将记账凭证分为收款凭证、付款凭证、转账凭证的依据是（　　）。

　　A. 凭证所反映的经济业务内容　　B. 所包括的会计科目是否单一

　　C. 凭证填制的手续　　　　　　　D. 凭证的来源

30. 根据账簿记录和经济业务的需要而编制的自制原始凭证是（　　）。

　　A. 限额领料单　　　　　　　　　B. 记账编制凭证

　　C. 转账凭证　　　　　　　　　　D. 累计凭证

31. 会计凭证登账后的整理、装订和归档存查称为（　　）。

　　A. 会计凭证的编制　　　　　　　B. 会计凭证的销毁

　　C. 会计凭证的传递　　　　　　　D. 会计凭证的保管

32. 根据一定期间的记账凭证全部汇总填制的凭证是（　　）。

　　A. 复式凭证　　　　　　　　　　B. 累计凭证

　　C. 汇总原始凭证　　　　　　　　D. 科目汇总表

33. 填制原始凭证时应做到大、小写数字符合规范,填写正确。如大写金额"壹仟零壹元伍角整",其小写应为（　　）。

　　A. ￥1 001.50 元　　　　　　　　B. ￥1 001.5

　　C. 1 001.50 元　　　　　　　　　D. ￥1 001.50

四、多项选择题

1. 下列属于一次凭证的有（　　）。

　　A. 收料单　　　　　　　　　　　B. 报销单

　　C. 购货发票　　　　　　　　　　D. 付款凭证

2. 下列属于原始凭证基本内容的有（　　）。

　　A. 填制凭证的日期　　　　　　　B. 接受凭证的单位

　　C. 实物数量金额　　　　　　　　D. 凭证编号

3. 原始凭证按其填制方法不同可分为（　　）。

　　A. 一次凭证　　　B. 累计凭证　　　C. 汇总凭证　　　D. 复式凭证

4. 下列属于记账凭证的有（　　）。

　　A. 收款凭证　　　　　　　　　　B. 销货发票

C. 银行结算凭证　　　　　　　　　　D. 科目汇总表

5. 企业购入材料一批,货款已付,材料已验收入库,并已结转入库材料成本,应编制的全部会计凭证是(　　)。

A. 收料单　　　　　　　　　　　　B. 一次凭证

C. 银行存款付款凭证　　　　　　　D. 转账凭证

6. 外来原始凭证是(　　)。

A. 一次凭证　　　　　　　　　　　B. 累计凭证

C. 从企业外部取得的　　　　　　　D. 收料单

7. 下列不属于记账凭证的有(　　)。

A. 科目汇总表　　　　　　　　　　B. 收料凭证汇总表

C. 限额领料单　　　　　　　　　　D. 现金收入汇总表

8. 填制原始凭证的要求有(　　)。

A. 记录真实　　　　　　　　　　　B. 内容完整

C. 书写规范　　　　　　　　　　　D. 连续编号

9. 下列属于外来原始凭证的有(　　)。

A. 购货发票　　　　　　　　　　　B. 出差发票

C. 银行结算凭证　　　　　　　　　D. 领料单

10. 收款凭证和付款凭证是(　　)。

A. 调整和结转有关账项的依据　　　B. 登记现金、银行存款日记账的依据

C. 登记总分类账的依据　　　　　　D. 出纳人员收、付款项的依据

11. 下列属于一次原始凭证的有(　　)。

A. 领料登记表　　　　　　　　　　B. 购货发票

C. 销货发票　　　　　　　　　　　D. 限额领料单

12. 记账凭证编制的依据可以是(　　)。

A. 累计凭证　　　　　　　　　　　B. 汇总原始凭证

C. 转账凭证　　　　　　　　　　　D. 收、付款凭证

13. 企业购入材料一批,货款已支付,材料已验收入库,则应编制的全部会计凭证有(　　)。

A. 收款凭证　　　　　　　　　　　B. 付款凭证

C. 转账凭证　　　　　　　　　　　D. 收料单

14. 下列属于原始凭证的有(　　)。

A. 购料合同　　　　　　　　　　　B. 限额领料单

C. 收料单　　　　　　　　　　　　D. 发出材料汇总表

15. 审核原始凭证时应注意(　　)。

A. 凭证上各项目是否填列齐全完整　B. 各项目的填写是否正确

C. 凭证反映的业务是否合法　　　　D. 数字计算有无错误

16. 下列各项科目中可能成为付款凭证借方科目的有(　　)科目。

A. “应付账款”　　　　　　　　　　B. “应交税费”

C. “银行存款”　　　　　　　　　　D. “库存现金”

17. 转账凭证属于(　　)。

A. 专用记账凭证　　　　　　　　B. 复式记账凭证

C. 通用记账凭证　　　　　　　　D. 记账凭证

18. 涉及现金与银行存款相互划转的业务,应编制的记账凭账有(　　)。

A. 银行存款收款凭证　　　　　　B. 银行存款付款凭证

C. 现金付款凭证　　　　　　　　D. 现金收款凭证

19. 下列凭证中,属于汇总原始凭证的有(　　)。

A. 发货票　　　　　　　　　　　B. 现金收入汇总表

C. 工资结算汇总表　　　　　　　D. 发料汇总表

20. 下列凭证中,属于复式记账凭证的有(　　)。

A. 付款凭证　　　　　　　　　　B. 转账凭证

C. 通用记账凭证　　　　　　　　D. 收款凭证

21. 收款凭证和付款凭证是(　　)。

A. 出纳人员办理收、付款项的依据　　B. 成本计算的依据。

C. 登记现金、银行存款日记账的依据　　D. 编制报表的直接依据

22. 记账凭证的编号方法有(　　)。

A. 分类编号法　　　　　　　　　B. 任意编号法

C. 分数编号法　　　　　　　　　D. 顺序编号法

23. 自制原始凭证按其填制程序和内容不同,可以分为(　　)。

A. 累计凭证　　　　　　　　　　B. 汇总原始凭证

C. 一次凭证　　　　　　　　　　D. 外来凭证

24. 外来原始凭证应该是(　　)。

A. 一次凭证　　　　　　　　　　B. 盖有填制单位公章的

C. 由企业会计人员填制的　　　　D. 从企业外部取得的

25. 填制原始凭证时应做到(　　)。

A. 记录真实　　　　　　　　　　B. 内容完整

C. 会计科目正确　　　　　　　　D. 遵纪守法

26. 记账凭证应该是(　　)。

A. 根据审核无误的原始凭证填制的　　B. 登记账簿的直接依据

C. 由经办业务人员填制的　　　　D. 由会计人员填制的

27. 会计凭证的保管应做到(　　)。

A. 办理了相关手续后方可销毁　　B. 保证会计凭证的安全完整

C. 定期归档以便查阅　　　　　　D. 查阅会计凭证要有手续

五、判断题

1. 企业经济活动产生的凭证,都是编制记账凭证的依据。　　　　　　　(　　)

2. 外来原始凭证,都属于一次凭证。　　　　　　　　　　　　　　　(　　)

3. 根据现行相关规定,会计凭证上的大写可以预留分角元拾佰仟万等空格。(　　)

4. 记账凭证是用来登记总分类账户的唯一依据。　　　　　　　　　　(　　)

5. 凡是涉及现金和银行存款一增一减的业务,只编付款凭证。　　　　　(　　)

6. 一次凭证是指只反映一项经济业务的凭证,如"领料单"。　　　　　（　　）

7. 累计凭证是指在一定时期内连续记载若干项同类经济业务,其填制手续是随着经济业务发生而分次完成的凭证,如"限额领料单"。　　　　　　　　　　　（　　）

8. 汇总原始凭证是指在会计核算工作中,为简化记账凭证编制工作,将一定时期内若干份记录同类经济业务的记账凭证加以汇总,用以集中反映某项经济业务总括发生情况的会计凭证。　　　　　　　　　　　　　　　　　　　　　　　　　　　　　　　　　　（　　）

9. 在一笔经济业务中,如果既涉及现金和银行存款的收付,又涉及到转账业务时,应同时填制收(或付)款凭证和转账凭证。　　　　　　　　　　　　　　　　　　　（　　）

10. 原始凭证是登记日记账、明细账的根据。　　　　　　　　　　　　（　　）

11. 制造费用分配表属于记账编制凭证。　　　　　　　　　　　　　　（　　）

12. 将记账凭证分为收款凭证、付款凭证、转账凭证的依据是凭证填制的手续和凭证的来源。　　　　　　　　　　　　　　　　　　　　　　　　　　　　　　　　　　（　　）

13. 根据账簿记录和经济业务的需要而编制的自制原始凭证是记账编制凭证。　（　　）

14. 会计凭证登账后的整理、装订和归档 2 年后可销毁。　　　　　　（　　）

15. 根据一定期间的记账凭证全部汇总填制的凭证如"科目汇总表"是一种累计凭证。　　　　　　　　　　　　　　　　　　　　　　　　　　　　　　　　　　　　（　　）

六、会计实务题

目的:练习记账凭证的填制,以及原始凭证的分类。

(一)资料:华夏公司 2×18 年 1 月发生的经济业务如下。

(二)要求:根据下述发生的经济业务,填制记账凭证,分别指出每一项经济业务涉及的原始凭证,是属于外来的原始凭证,还是属于自制的原始凭证。

(1)1 月 1 日,投资者投资 800 000 元,存入银行。

记账凭证(一)

年　　　月　　　日　　　　　　_____字_____号

摘　　要	会计科目	明细科目	借方金额									贷方金额									记账
			百	十	万	千	百	十	元	角	分	百	十	万	千	百	十	元	角	分	
合计	(附件　　张)																				

会计主管　　　　　　审核　　　　　　制证　　　　　　记账

（2）1月2日，向银行取得短期借款 500 000 元，存入银行。

记账凭证（二）

年　　月　　日　　　　　　＿＿＿＿字　＿＿＿＿号

摘　　要	会计科目	明细科目	借方金额										贷方金额										记账
			百	十	万	千	百	十	元	角	分	百	十	万	千	百	十	元	角	分	
合计	（附件　　张）																				

会计主管　　　　　　审核　　　　　　制证　　　　　　记账

（3）1月5日，购买设备 200 000 元，增值税进项税额 32 000 元，发生的运输费用为 10 000 元，货款和运费由银行存款付讫。

记账凭证（三）

年　　月　　日　　　　　　＿＿＿＿字　＿＿＿＿号

摘　　要	会计科目	明细科目	借方金额										贷方金额										记账
			百	十	万	千	百	十	元	角	分	百	十	万	千	百	十	元	角	分	
合计	（附件　　张）																				

会计主管　　　　　　审核　　　　　　制证　　　　　　记账

（4）1月8日,以银行存款购买原材料30 000元,增值税进项税额4 800元,原材料验收入库。

记账凭证(四)
年　　月　　日　　　　　　　　_____字 _____号

摘　　要	会计科目	明细科目	借方金额										贷方金额										记账
			百	十	万	千	百	十	元	角	分	百	十	万	千	百	十	元	角	分	
合　计	（附件　　张）																				

会计主管　　　　　审核　　　　　制证　　　　　记账

（5）1月10日,生产车间生产产品领用原材料18 000元。

记账凭证(五)
年　　月　　日　　　　　　　　_____字 _____号

摘　　要	会计科目	明细科目	借方金额										贷方金额										记账
			百	十	万	千	百	十	元	角	分	百	十	万	千	百	十	元	角	分	
合　计	（附件　　张）																				

会计主管　　　　　审核　　　　　制证　　　　　记账

(6) 1月15日,从银行存款中提取现金6 000元,准备发放工资。

记账凭证(六)

年 月 日　　　　　＿＿＿＿＿字 ＿＿＿＿＿号

摘　　要	会计科目	明细科目	借方金额									贷方金额									记账
			百	十	万	千	百	十	元	角	分	百	十	万	千	百	十	元	角	分	
合计	（附件　　张）																				

会计主管　　　　　审核　　　　　制证　　　　　记账

(7) 1月15日,以现金发放生产工人工资5 000元,管理人员工资1 000元。

记账凭证(七)

年 月 日　　　　　＿＿＿＿＿字 ＿＿＿＿＿号

摘　　要	会计科目	明细科目	借方金额									贷方金额									记账
			百	十	万	千	百	十	元	角	分	百	十	万	千	百	十	元	角	分	
合计	（附件　　张）																				

会计主管　　　　　审核　　　　　制证　　　　　记账

（8）1月20日,销售产品 3 000 元,增值税销项税额 480 元,收到现金。

记账凭证（八）

年　　月　　日　　　　　　　　_____字 _____号

摘　　要	会计科目	明细科目	借方金额									贷方金额									记账
			百	十	万	千	百	十	元	角	分	百	十	万	千	百	十	元	角	分	
合计	（附件 张）																				

会计主管　　　　　审核　　　　　　制证　　　　　记账

（9）1月20日,将现金收入 4 000 元解缴银行。

记账凭证（九）

年　　月　　日　　　　　　　　_____字 _____号

摘　　要	会计科目	明细科目	借方金额									贷方金额									记账
			百	十	万	千	百	十	元	角	分	百	十	万	千	百	十	元	角	分	
合计	（附件 张）																				

会计主管　　　　　审核　　　　　　制证　　　　　记账

（10）1月21日，采购员李一出差，暂借差旅费2000元，开出现金支票一张。

记账凭证（十）

年　　月　　日　　　　　　＿＿＿＿字＿＿＿＿号

摘　　要	会计科目	明细科目	借方金额 百十万千百十元角分	贷方金额 百十万千百十元角分	记账
合计	（附件　　张）				

会计主管　　　　　审核　　　　　制证　　　　　记账

（11）1月25日，采购员李一出差回来，经审核可报销差旅费1700元，余款300元现金退还给出纳员。

记账凭证（十一）

年　　月　　日　　　　　　＿＿＿＿字＿＿＿＿号

摘　　要	会计科目	明细科目	借方金额 百十万千百十元角分	贷方金额 百十万千百十元角分	记账
合计	（附件　　张）				

会计主管　　　　　审核　　　　　制证　　　　　记账

（12）1月31日，结转已销售的产品的成本1 900元。

记账凭证(十二)

年   月   日   _____字 _____号

摘 要	会计科目	明细科目	借方金额									贷方金额									记账
			百	十	万	千	百	十	元	角	分	百	十	万	千	百	十	元	角	分	
合计	（附件 张）																				

会计主管   审核   制证   记账

第八章 会计账簿

一、名词解释

1. 会计账簿
2. 序时账簿
3. 分类账簿
4. 总分类账簿
5. 明细分类账簿
6. 备查账簿
7. 定本式账簿
8. 活页式账簿
9. 卡片式账簿
10. 对账
11. 结账

二、简答题

1. 什么是会计账簿？它有什么作用？
2. 账簿按用途和外表形式各分为哪几类？
3. 现金日记账和银行存款日记账的格式有哪几种？
4. 总分类账应采用什么格式和外表形式？如何进行登记？
5. 明细分类账的格式有哪几种？各适用于哪些账户？
6. 登记账簿有哪些基本规则？
7. 什么是对账？对账包括哪些具体内容？
8. 什么是结账？如何进行结账？
9. 错账更正方法有哪些？各适用于什么情况？
10. 账簿更换和保管要注意哪些问题？
11. 什么是总分类账和明细分类账？总分类账和明细分类账的关系是什么？
12. 什么是平行登记？平行登记有哪些要点？

三、单项选择题

1. 应收账款明细账一般采用的格式是(   )。
   A. 借、贷、余额三栏式
   B. 数量金额式
   C. 多栏式
   D. 贷方多栏式

2. 多栏式现金日记账属于(　　　)。

    A. 总分类账　　　　　　　　　　B. 明细分类账

    C. 序时账　　　　　　　　　　　D. 备查账簿

3. 必须采用订本式账簿的是(　　　)。

    A. 总分类账　　　　　　　　　　B. 明细分类账

    C. 辅助账　　　　　　　　　　　D. 序时账

4. 对于从银行提取现金的业务,登记现金日记账的依据是(　　　)。

    A. 现金收款凭证　　　　　　　　B. 银行存款收款凭证

    C. 现金付款凭证　　　　　　　　D. 银行存款付款凭证

5. 对于将现金存入银行的业务,登记银行存款日记账的依据是(　　　)。

    A. 现金收款凭证　　　　　　　　B. 银行存款收款凭证

    C. 现金付款凭证　　　　　　　　D. 银行存款付款凭证

6. 记账员根据记账凭证登记时,误将 600 元记为 6 000 元,更正这种记账错误应采用(　　　)。

    A. 红字更正法　　　　　　　　　B. 补充登记法

    C. 划线更正法　　　　　　　　　D. 任意一种更正法

7. 记账或结账后,发现记账凭证用错科目,引起记账错误,更正这种记账错误应采用(　　　)。

    A. 红字更正法　　　　　　　　　B. 补充登记法

    C. 划线更正法　　　　　　　　　D. 挖擦刮补法

8. 现金日记账和银行存款日记账应由(　　　)进行登记。

    A. 会计人员　　　　　　　　　　B. 会计主管人员

    C. 出纳人员　　　　　　　　　　D. 临时指定人员

9. 特种日记账是(　　　)。

    A. 序时登记全部经济业务和多种经济业务的日记账

    B. 对常见的经济业务分设专栏登记

    C. 专门用来登记货币资金的日记账

    D. 专门用来登记某一类经济业务的日记账

10. 银行存款日记账的收入方除了根据银行存款收款凭证登记外,有时还要根据(　　　)登记。

    A. 现金付款凭证　　　　　　　　B. 转账凭证

    C. 银行存款付款凭证　　　　　　D. 现金收款凭证

11. 多栏式明细分类账适用于(　　　)。

    A. 原材料明细账　　　　　　　　B. 材料采购明细账

    C. 应收账款明细账　　　　　　　D. 库存商品明细账

12. 总分类账的外表形式应采用(　　　)。

    A. 多栏式　　　　　　　　　　　B. 数量金额式

    C. 订本式　　　　　　　　　　　D. 活页式

13. 不可以采用三栏式账页的是(　　　)。

A. 现金日记账   B. 原材料明细账

C. 总分类账   D. 应付账款明细账

14. 可以采取数量金额式账页的是( )。

A. 在途物资明细账   B. 主营业务成本明细账

C. 生产成本明细账   D. 库存商品明细账

15. 企业原材料明细账通常采用的格式是( )。

A. 卡片式   B. 多栏式

C. 数量金额式   D. 三栏式

16. 记账后,如果发现记账错误是由于记账凭证所列会计科目或金额有错误引起的,可采用的更正错账方法是( )。

A. 补充登记法   B. 划线更正法

C. 红字更正法   D. A、B 项均可

17. 必须逐日逐笔登记的账簿是( )。

A. 日记账   B. 备查账

C. 明细分类账   D. 总分类账

18. 记账凭证上记账栏中的"√"记号表示( )。

A. 此凭证作废   B. 此凭证编制正确

C. 已经登记入账   D. 无须登记入账

19. "生产成本"明细账应该采用的格式是( )。

A. 数量金额式   B. 任意格式

C. 三栏式   D. 多栏式

20. 应交税费——应交增值税 明细账应该采用的格式是( )。

A. 借方、贷方多栏式   B. 三栏式

C. 借方多栏式   D. 贷方多栏式

21. 营业外收入明细账应该采用的格式是( )。

A. 数量金额式   B. 任意格式

C. 三栏式   D. 多栏式

22. 总分类账与特种日记账的外表形式应采用( )。

A. 订本式   B. 任意外表形式

C. 活页式   D. 卡片式

23. 下列科目的明细账格式应采用借方多栏式的是( )科目。

A. "应交税费"   B. "营业外支出"

C. "营业外收入"   D. "原材料"

24. 期末,根据账簿记录计算并记录各账户的本期发生额和期末余额,在会计上称为( )。

A. 调账   B. 查账

C. 对账   D. 结账

25. 可以作为编制会计报表直接依据的账簿是( )。

A. 分类账簿   B. 特种日记账

C. 序时账簿   D. 备查账簿

26. 序时账簿按其记录内容的不同可以分为（　　）。
    A. 普通日记账和特种日记账   B. 三栏式日记账和多栏式日记账
    C. 现金日记账和普通日记账   D. 普通日记账和日记总账

27. 总账和明细账之间进行平行登记的原因是总账与明细账的（　　）。
    A. 反映经济业务的内容相同   B. 提供指标的详细程度相同
    C. 格式相同   D. 登记的时间相同

28. 将账簿划分为序时账、分类账、备查账的依据是（　　）。
    A. 账簿的登记内容   B. 账簿的外表形式
    C. 账簿的登记方式   D. 账簿的用途

29. 下列对账工作属于账实核对的是（　　）。
    A. 总分类账与序时账核对
    B. 总分类账与所属明细分类账核对
    C. 会计部门存货明细账与存货保管部门明细账核对
    D. 财产物资明细账账面余额与财产物资实有数额核对

30. 记账凭证无误，会计人员登记账簿时误将 6 000 元填写成 600 元，应用（　　）。
    A. 划线更正法   B. 红字更正法
    C. 补充更正法   D. 转账更正法

四、多项选择题

1. 账簿按其用途可分为（　　）。
    A. 分类账   B. 备查账
    C. 序时账   D. 卡片式

2. 账簿按其外表形式可分为（　　）。
    A. 订本式   B. 卡片式
    C. 三栏式   D. 活页式

3. 现金日记账登记的依据是（　　）。
    A. 现金收款凭证   B. 现金付款凭证
    C. 部分银行存款收款凭证   D. 部分银行存款付款凭证

4. 总分类账簿应采用（　　）。
    A. 订本式   B. 活页式
    C. 三栏式   D. 多栏式

5. 各单位必须依法设置会计账簿，会计账簿包括（　　）。
    A. 总账   B. 明细账
    C. 日记账   D. 备查账

6. 下列应采用数量金额式账页登记明细账的是（　　）。
    A. 原材料   B. 固定资产
    C. 库存商品   D. 在途物资

7. 多栏式明细账一般适用于（　　）。

    A. 管理费用   B. 在途物资

    C. 制造费用   D. 主营业务收入

8. 根据《会计法》的规定,会计人员登记账簿的依据是(　　)。

    A. 审核过的记账凭证   B. 审核过的原始凭证和记账凭证

    C. 审核过的原始凭证   D. 审核过的记账凭证汇总表

9. 下列情况下,允许用红色墨水记账的是(　　)。

    A. 结账划线   B. 登记账簿的冲减数

    C. 划线改错   D. 累计发生额

10. 下列账户中,应随时结出余额的有(　　)。

    A. 总账   B. 现金日记账

    C. 银行存款日记账   D. 原材料明细账

11. 明细分类账登记的依据是(　　)。

    A. 记账凭证   B. 原始凭证汇总表

    C. 汇总记账凭证   D. 记账凭证汇总表

12. 对账的内容包括(　　)。

    A. 账证核对   B. 账账核对

    C. 账实核对   D. 账表核对

13. 总分类账登记的依据是(　　)。

    A. 记账凭证   B. 原始凭证

    C. 汇总记账凭证   D. 记账凭证汇总表

14. 银行存款日记账登记的依据是(　　)。

    A. 部分现金收款凭证   B. 部分现金付款凭证

    C. 银行存款收款凭证   D. 银行存款付款凭证

15. 企业到银行提取现金 2 000 元,此项业务应登记在(　　)。

    A. 总分类账   B. 明细分类账

    C. 现金日记账   D. 银行存款日记账

16. 可以作为现金日记账记账依据的有(　　)。

    A. 银行存款收款凭证   B. 银行存款付款凭证

    C. 现金收款凭证   D. 现金付款凭证

17. 红字更正法的方法要点是(　　)。

    A. 用红字金额填写一张与错误记账凭证完全相同的记账凭证并用红字记账

    B. 用红字金额填写一张与错误原始凭证完全相同的记账凭证并用红字记账

    C. 用蓝字重填一张正确的记账凭证,登记入账

    D. 用蓝字金额填写一张与错误原始凭证完全相同的记账凭证并用蓝字记账

18. 登记账簿的要求有(　　)。

    A. 账簿书写的文字和数字上面要留适当空距,一般应占格 1/2

    B. 各种账簿按页次顺序连续登记,不得跳行、隔页

    C. 登记账簿要用圆珠笔、蓝黑或黑色墨水书写

    D. 登记后,要在记账凭证上签名或盖章,并注明已登账的符号,表示已记账

19. 采用划线更正法,其要点是(　　)。

　　A. 在错误的文字或数字(单个数字)上划一条红线注销

　　B. 更正人在划线处盖章

　　C. 在错误的文字或数字(整个数字)上划一条红线注销

　　D. 将正确的文字或数字用蓝字写在划线的上端

20. 多栏式明细分类账又可以分为(　　)。

　　A. 借方贷方多栏式明细账　　　　B. 对方科目多栏式明细账

　　C. 借方多栏式明细账　　　　　　D. 贷方多栏式明细账

21. 可使用补充登记法更正差错的情况有(　　)。

　　A. 所填金额小于应填金额

　　B. 发现记账凭证中应借、应贷科目无错

　　C. 在记账后

　　D. 所填金额大于应填金额

22. 在会计工作中,红色墨水可用于(　　)。

　　A. 结账　　　　　　　　　　　　B. 记账

　　C. 对账　　　　　　　　　　　　D. 冲账

23. 会计上允许使用的更正错误的方法有(　　)。

　　A. 补充更正法　　　　　　　　　B. 用涂改液修正

　　C. 红字更正法　　　　　　　　　D. 划线更正法

24. 账簿按其用途不同可分为(　　)。

　　A. 分类账簿　　　　　　　　　　B. 备查账簿

　　C. 活页式账簿　　　　　　　　　D. 序时账簿

25. 明细分类账的格式有三栏式、多栏式、数量金额式,相应地各适用于(　　)。

　　A. 收入、费用成本式明细账　　　B. 活页式明细账

　　C. 债权债务明细账　　　　　　　D. 材料物资类明细账

26. 总账和明细账之间的登记应该做到(　　)。

　　A. 登记的金额相同　　　　　　　B. 登记的时点相同

　　C. 登记的原始依据相同　　　　　D. 登记的方向相同

27. 在编制会计报表之前,对账的内容包括(　　)。

　　A. 账表核对　　　　　　　　　　B. 账账核对

　　C. 账实核对　　　　　　　　　　D. 账证核对

28. 银行存款日记账的登记依据可以是(　　)。

　　A. 现金收款凭证　　　　　　　　B. 现金付款凭证

　　C. 银行存款收款凭证　　　　　　D. 银行存款付款凭证

29. 多栏式明细账适用于(　　)。

　　A. 营业外支出明细分类核算　　　B. 生产成本明细分类核算

　　C. 材料采购明细分类核算　　　　D. 主营业务收入明细分类核算

30. 登记会计账簿时应该做到(　　)。

　　A. 在某些特定条件下可以使用铅笔

  B. 在规定范围内可以使用红色墨水笔

  C. 一律使用蓝黑墨水钢笔书写

  D. 不得使用铅笔或圆珠笔书写

31. 记账后发现记账凭证中应借、应贷会计科目正确,只是金额发生错误,可以用的更正方法有( )。

  A. 红字更正法   B. 补充登记法

  C. 金额更正法   D. 划线更正法

32. 下列内容可以采用三栏式明细账的有( )。

  A. 应收账款   B. 短期借款

  C. 原材料   D. 其他应收款

33. 下列对账工作属于企业账账核对的有( )。

  A. 总分类账与所属明细分类账核对

  B. 银行存款日记账与银行对账单核对

  C. 债权债务明细账与对方单位账面记录核对

  D. 会计部门存货明细账与存货保管部门明细账核对

34. 年度结束后,对账簿的保管应该做到( )。

  A. 装订成册   B. 加上封面

  C. 统一编号   D. 归档保管

35. 明细分类账的登记依据可以是( )。

  A. 记账凭证   B. 汇总记账凭证

  C. 汇总原始凭证   D. 原始凭证

五、判断题

1. 账簿中的序时账簿、分类账簿都是编制会计报表的主要依据。 ( )

2. 序时账就是日记账。 ( )

3. 日记账就是每日都登记的账簿。 ( )

4. 总账、现金日记账、银行存款日记账必须采用订本式账簿。 ( )

5. 各种明细分类账根据情况可采用活页式账簿或订本式账簿。 ( )

6. 对账的主要内容就是账簿与账簿核对相符。 ( )

7. 补充登记法主要用于记账之前发现的记账凭证科目或数字错误。 ( )

8. 成本明细账可采用三栏式账簿,也可采用多栏式账簿。 ( )

9. 现金日记账的余额应该每天与库存现金核对。 ( )

10. 总分类账的登记依据只能是记账凭证。 ( )

11. 明细分类账应根据记账凭证和所附原始凭证登记。 ( )

12. 不能用红色墨水登记任何账簿。 ( )

13. 每一页账簿登记完毕接转下页时,应当结出本页合计数和余额,填写在最后一行中,过次页。 ( )

14. 总账控制明细账,明细账是总账的具体化。 ( )

15. 明细账根据记账凭证和所附原始凭证登记,而总账则根据明细账登记。 ( )

16. 一个会计年度结束后,每个账户的余额应结束。　　　　　　　　　　　　（　　　）

17. 无论是红字更正法,还是补充登记法,更正凭证的编号与错误凭证相同。（　　　）

18. 总分类账簿既能提供货币指标,又能提供实物指标。　　　　　　　　　（　　　）

19. 每一会计年度结束后,所有账簿都应该更换。　　　　　　　　　　　　（　　　）

20. 实行会计电算化的单位,总账和明细账应当定期打印。　　　　　　　　（　　　）

21. 在整个账簿体系中,日记账和分类账是主要账簿,备查账为辅助账簿。（　　　）

22. 三栏式账簿一般适用于费用、成本等明细账。　　　　　　　　　　　　（　　　）

23. 企业对代销的商品,可以设置备查账簿进行登记。　　　　　　　　　　（　　　）

24. 多栏日记账实际上是普通日记账的一种特殊形式。　　　　　　　　　　（　　　）

25. 结账之前,如果发现账簿中所记文字或数字有过账笔误或计算错误,而记账凭证并没有错,可用划线更正法更正。　　　　　　　　　　　　　　　　　　　　（　　　）

26. 就现金业务而言,目前我国企业设现金日记账和现金总分类账,同时还应设现金明细分类账。　　　　　　　　　　　　　　　　　　　　　　　　　　　　　（　　　）

27. 总分类账、现金及银行存款日记账一般都采用活页式账簿。　　　　　　（　　　）

28. 库存现金日记账和银行存款日记账应采用订本式账簿。　　　　　　　　（　　　）

29. 普通日记账既可以取代记账凭证,也可以取代总分类账。　　　　　　　（　　　）

30. 货币资金的日记账可以取代其总账。　　　　　　　　　　　　　　　　（　　　）

31. 总账可采用三栏式账页,而明细账则应根据其经济业务的特点采用不同格式的账页。
　　　　　　　　　　　　　　　　　　　　　　　　　　　　　　　　　（　　　）

32. 平行登记要求总账与其相应的明细账必须同一时刻登记。　　　　　　　（　　　）

33. 明细账必须逐日逐笔登记,总账必须定期汇总登记。　　　　　　　　　（　　　）

34. 分类账簿是对全部业务按收款业务、付款业务和转账业务进行分类登记的账簿。
　　　　　　　　　　　　　　　　　　　　　　　　　　　　　　　　　（　　　）

35. 订本式账簿是指在记完账后,把记过账的账页装订成册的账簿。　　　　（　　　）

36. 平行登记是指经济业务发生后,根据会计凭证,一方面要登记有关的总分类账户,另一方面要登记该总分类账户所属的各明细分类账户。　　　　　　　　　　（　　　）

六、业务练习题

习题一

（一）目的:练习现金日记账和银行存款日记账的登记。

（二）资料:某工厂 2×17 年 6 月 30 日银行存款日记账余额为 300 000 元;现金日记账余额为 3 000 元。7 月份发生下列银行存款和现金收付业务:

1. 1 日,投资者投入现金 30 000 元,存入银行。（银收 801 号）

2. 2 日,以银行存款 10 000 元归还短期借款。（银付 801 号）

3. 4 日,以银行存款 15 000 元归还应付账款。（银付 802 号）

4. 6 日,将现金 1 000 元存入银行。（现付 801 号）

5. 10 日,用现金暂付职工差旅费 600 元。（现付 802 号）

6. 15 日,从银行提取现金 18 000 元,备发工资。(银付 803 号)

7. 16 日,用现金 18 000 元发放职工工资。(现付 803 号)

8. 18 日,收到应收账款 50 000 元,存入银行。(银收 802 号)

9. 20 日,从银行提取现金 1 500 元备用。(银付 804 号)

10. 22 日,以银行存款 20 000 元支付购买材料款。(银付 805 号)

11. 23 日,以银行存款 500 元支付购买材料运费。(银付 806 号)

12. 27 日,以银行存款支付本月电费 1 600 元。(银付 807 号)

13. 28 日,销售产品一批,收到货款 58 500 元,存入银行。(银收 803 号)

14. 29 日,用现金支付广告费 800 元。(现付 804 号)

15. 30 日,用银行存款缴纳税金 3 800 元。(银付 808 号)

(三)要求:

(1)根据 6 月 30 日现金和银行存款的余额,登记现金日记账和银行存款日记账的期初数。

(2)根据资料中 7 月份的经济业务编制记账凭证。

(3)根据编制的记账凭证登记现金日记账和银行存款日记账。

现金日记账

年		凭证		摘　要	对方科目	借　方	贷　方	借或贷	余　额
月	日	字	号						

银行存款日记账

年		凭证		结算凭证		摘 要	借 方	贷 方	借或贷	余 额
月	日	字	号	种类	号数					

习题二

（一）目的：练习错误更正方法。

（二）资料：某工业企业将账簿记录与记账凭证进行核对时，发现下列经济业务内容的账簿记录有误：

1. 开出现金支票 500 元，支付企业管理部门日常零星开支，原记账凭证的会计分录为：

借：管理费用　　　　　　　　　　　　　　　　500

　　贷：库存现金　　　　　　　　　　　　　　　　　500

2. 结转本月实际完工产品的生产成本 69 000 元，原记账凭证的会计分录为：

借：库存商品　　　　　　　　　　　　　　　　96 000

　　贷：生产成本　　　　　　　　　　　　　　　　96 000

3. 购入材料一批，货款 35 000 元，增值税税率 16%，原记账凭证的会计分录为：

借：在途物资　　　　　　　　　　　　　　　　35 000

　　贷：银行存款　　　　　　　　　　　　　　　　35 000

4. 计提本月固定资产折旧费 3 800 元，原记账凭证的会计分录为：

借：管理费用　　　　　　　　　　　　　　　　3 800

　　贷：固定资产　　　　　　　　　　　　　　　　3 800

5. 结转本期产品销售收入 680 000 元，原记账凭证的会计分录为：

借：本年利润　　　　　　　　　　　　　　　　630 000

贷:主营业务收入   630 000

6. 用银行存款支付所欠供货单位货款 5 400 元,原记账凭证的会计分录为:

借:应付账款   4 500

    贷:银行存款   4 500

(三) 要求:将上述各项经济业务的错误记录,分别以适当的更正错账方法予以更正。

习 题 三

(一) 目的:掌握分类账的格式和登记方法。

(二) 资料:

1. 华新公司总账账户的期初余额资料如下:

总账账户的期初余额   元

账户名称	借方金额	账户名称	贷方金额
库存现金	1 000	短期借款	500 000
银行存款	66 000	应付账款	45 000
交易性金融资产	62 000	应付职工薪酬	20 000
应收票据	4 310	应交税费	86 000
应收账款	30 000	其他应付款	3 000
原材料	280 000	累计折旧	67 200
库存商品	149 400	实收资本	500 000
其他应收款	5 690	资本公积	60 000
长期股权投资	160 000	盈余公积	42 000
固定资产	756 000	本年利润	85 300
		利润分配	105 900
合计	1 514 400	合计	1 514 400

2. 华新公司有关明细账户的资料如下:

(1) "原材料"明细账户的期初资料如下:

材料名称	数量(千克)	单价	金额
甲材料	20 000	8.80	176 000
乙材料	20 800	5.00	104 000

(2) "库存商品"明细账户的期初资料如下:

产品名称	数量(千克)	单价	金额
A 产品	20 000	4.95	99 000
B 产品	10 000	5.04	50 400

(3) "实收资本"明细账户的期初资料如下:

投资人	贷方金额
国家	400 000

新华公司　　　　　　100 000

3. 华新公司本月发生以下经济业务：

（1）6月2日，收到银行收款通知，新华公司投入现金200 000元，存入银行。

（2）6月5日，签发转账支票缴纳上月的增值税80 000元，所得税6 000元。

（3）6月7日，从银行取得短期借款500 000元，存入银行。

（4）6月8日，收到国家投入的机器一台，经评估作价为250 000元。

（5）6月10日，从大兴工厂购入甲材料6 000千克，单价8.60元，计51 600元，增值税8 256元，共计59 856元；乙材料5 000千克，单价4.80元，计24 000元，增值税为3 840元，共计27 840元。对方代垫运杂费2 200元(按重量比例分配)。收到对方发货票随单联、代垫运费单据和银行转来的付款通知，予以承付。

（6）6月15日，收到大兴工厂发货票随货联，填制收货单，如数验收入库。

（7）6月16日，生产车间及管理部门领用原材料，领料单内容如下：

领用单位	甲材料(千克)	乙材料(千克)
A产品	2 000	500
B产品	800	2 400
生产车间	200	100
管理部门	10	15

（8）6月16日，编制工资单计列应付工资总额为30 000元，其中，A产品工人工资为12 000元，B产品工人工资为10 000元，车间管理人员工资为3 000元，企业管理人员工资为5 000元。

（9）6月16日，从银行提取现金30 000元，备发工资。

（10）6月18日，编制应付福利费计算表，按工资总额的14%计提。

（11）6月19日，编制固定资产折旧计算表，其中，车间应计折旧5 000元，管理部门应计折旧2 000元。

（12）6月19日，用银行存款支付由本月负担的报刊费600元。

（13）6月20日，计提应由本月负担的银行存款利息3 000元。

（14）6月20日，汇集全月制造费用，并按工人工资比例在A、B产品间进行分配。

（15）6月20日，全月A产品8 000件，B产品7 000件，已全部完工验收入库。结转完工产品的生产成本。

（16）6月21日，开出发货票，售给东方百货A产品6 000件，单价9.80元，计58 800元，增值税为9 408元，合计68 208元；B产品2 000件，单价12.84元，计25 680元，增值税为4 108.80元，合计29 788.80元，收到东方百货如数开来的转账支票一张。

（17）6月23日，向大林公司销售A产品2 000件，单价9.78元，计19 560元，增值税为3 129.60元，合计22 689.60元；B产品4 500件，单价12.80元，计57 600元，增值税为9 216.00元，合计66 816.00元；收到大林公司开出并承兑的商业汇票一张。

（18）6月24日，开出转账支票支付电视台广告费4 000元，收到电视台开来的收据。

（19）6月18日，结转本月已销售产品的生产成本。

（20）6月28日，按销售收入的1%计提本月应交城市维护建设税。

（21）6月28日，将本月的全部收入和支出结转到"本年利润"账户。

（22）6 月 28 日,按本年利润总额的 25％计提应交所得税费用。

（23）6 月 28 日,按税后利润的 10％计提法定盈余公积。

（24）6 月 28 日,按税后利润的 40％计提应付给投资人的利润。

（三）要求:

1. 根据资料(1)开设总分类账户,将期初余额记入有关账户内,并在摘要栏写"上月转入"。

2. 根据资料(2)开设明细分类账户,将期初余额记入有关账户内,并在摘要栏写"上月转入"。

3. 根据资料(3)编制记账凭证。

4. 根据资料(3)登记原材料、库存商品、实收资本、在途物资、生产成本、制造费用明细分类账,并结出本期发生额和余额。

5. 编制总分类账户本期发生额试算平衡表。

习题四

一、目的:练习生产成本明细分类账的登记及产品成本计算表的编制。

二、资料:某企业生产甲、乙两种产品,7 月份有关资料如下:

1. 期初结存的未完工甲产品各成本项目余额如下:直接材料费 2 424 元、直接工资费 2 600 元、制造费用 8 800 元,共计 13 824 元。

2. 本月为生产甲、乙产品发生的费用如下:

（1）甲产品耗用 A 材料 200 千克,耗用 B 材料 100 千克;乙产品耗用 A 材料 60 千克(假设 A 材料单位成本 30 元,B 材料单位成本 80 元);

（2）甲产品生产工人工资 10 000 元,乙产品生产工人工资 6 000 元;职工福利费按 14％提取;

（3）制造部门本月共发生间接费用 22 000 元,以生产工人工资为标准进行分配;

（4）本月生产的 200 件甲产品已全部制造完工,100 件乙产品已完工 60 件,尚有 40 件乙产品没有完工。乙在产品每件按下列标准计价:材料 8 元、生产工人工资 7 元、制造费用 2 元,共计 17 元。

三、要求:

（1）编制有关业务的会计分录;

（2）编制制造费用分配表;

（3）登记甲、乙产品生产成本明细分类账;

（4）编制完工产品成本计算表。

习题五

一、目的:掌握错账的查找与更正方法。

二、资料

1. 东方工厂 2017 年 10 月发生的部分经济业务(略去原始凭证,以文字表述)如下:

（1）1 日,用现金归还前欠永祥公司的货款 870 元。

（2）3 日,向海河工厂销售产品,计价款 5 000 元,货已发出,货款收存银行。

（3）6日,通过银行收回新华工厂前欠的货款9 800元。

（4）9日,通过银行支付前欠湘江机械厂的货款5 600元。

（5）12日,向新星工厂销售产品,计价款6 700元,货已发出,货款暂未收到。

（6）16日,向福盛公司出售产品,收到货款现金2 340元。

（8）19日,向海河工厂售产品,计价款4 500元,货已发出,货款暂未收到。

（9）21日,将销货款现金2 340元送存银行。

（10）24日,通过银行支付前欠金华工厂的货款2 870元。

（11）27日,通过银行收回新星工厂前欠的货款7 839元。

（12）30日,通过银行支付前欠光明工厂的货款5 240元。

2. 东方工厂2017年10月发生的部分经济业务所填的记账凭证(以会计分录代)如下:

经济业务的记账凭证(会计分录)

序号	日期	凭证字号	会计分录	序号	日期	凭证字号	会计分录
1	1日	记1	借:应付账款　　780 　贷:库存现金　　　780	7	16日	记7	借:库存现金　　2 340 　贷:主营业务收入2 340
2	2日	记2	借:银行存款　　5 000 　贷:主营业务收入 5 000	8	19日	记8	借:应收账款　　5 400 　贷:主营业务收入5 400
3	6日	记3	借:银行存款　　980 　贷:应收账款　　　980	9	21日	记9	借:银行存款　　3 240 　贷:库存现金　　　3 240
4	9日	记4	借:应付账款　　6 500 　贷:银行存款　　　6 500	10	24日	记10	借:应付账款　　2 870 　贷:银行存款　　　2 870
5	12日	记5	借:应收账款　　7 600 　贷:主营业务收入 7 600	11	27日	记11	借:银行存款　　8 793 　贷:应收账款　　　8 793
6	14日	记6	借:银行存款　　3 800 　贷:应收账款　　　3 800	12	30日	记12	借:应付账款　　2 540 　贷:银行存款　　　2 540

3. 东方工厂2017年10月发生的上述经济业务根据所填记账凭证登记的总分类账见后。

三、要求

按规定办理账簿月结手续,并进行核对,如有差错,按正确的方法进行更正。

四、操作指导

1. 将记账凭证和经济业务与所登记账簿进行核对,找出记账凭证和所登账簿中的差错。

2. 对于账目核对中发现的差错,应视不同的错误采用不同的更正方法进行更正。

（1）如果记账凭证正确,仅是过录笔误造成,采用"划线更正法"。

（2）如果记账凭证科目用错并已过账,采用"红字更正法",在红字凭证的摘要栏注明"注销某月某日某号凭证",在蓝字凭证的摘要栏注明"订正某月某日某号凭证"。

（3）如果记账凭证科目正确,仅是所填金额大于应填金额并已过账,采用"红字更正法",在红字凭证的摘要栏注明"冲销某月某日某号凭证多计数"。

（4）如果记账凭证科目正确,仅是所填金额小于应填金额并已过账,采用"补充登记法",在蓝字凭证的摘要栏注明"补记某月某日某号凭证少计数"。另外,登账时凭证上的摘要就是账簿上的摘要。

五、已登记的总账账页及改错记账凭证用纸如下。

总 分 类 账（一）

科目　　主营业务收入

17年		凭证		摘要	借方									贷方									借或贷	余额								
月	日	字	号		百	十	万	千	百	十	元	角	分	百	十	万	千	百	十	元	角	分		百	十	万	千	百	十	元	角	分
10	2	记	2	向海河工厂销售产品													5	0	0	0			贷				5	0	0	0		
	12	记	5	向新星工厂销售产品											7	6	0	0	0	0			贷		7	6	5	0	0	0		
	16	记	7	向福盛公司销售产品											7	9	3	8	0	0			贷	1	5	5	8	8	0	0		
	19	记	8	向海河工厂销售产品											5	4	0	0	0	0			贷	2	0	9	8	8	0	0		
				过次页																												

总 分 类 账（二）

科目　　应收账款

17年		凭证		摘要	借方									贷方									借或贷	余额								
月	日	字	号		百	十	万	千	百	十	元	角	分	百	十	万	千	百	十	元	角	分		百	十	万	千	百	十	元	角	分
10	1			期初余额																			借		8	7	0	0	0	0		
10	6	记	3	收新华工厂欠货款												9	8	0	0	0			借		7	7	2	0	0	0		
	12	记	5	向新星工厂销售产品		7	6	0	0	0	0												借	1	5	3	2	0	0	0		
	14	记	6	收华宇公司欠货款											8	0	3	0	0	0			借		7	2	9	0	0	0		
	19	记	8	向海河工厂销售产品		5	4	0	0	0	0												借	1	2	6	9	0	0	0		
	27	记	11	收新星工厂欠货款											8	7	9	3	0	0			借		3	8	9	7	0	0		
				过次页																												

总分类账（三）

科目　　应付账款

月	日	字	号	摘要	百	十	万	千	百	十	元	角	分	百	十	万	千	百	十	元	角	分	借或贷	百	十	万	千	百	十	元	角	分
							借	方								贷	方								余	额					
10	1			期初余额																			贷			2	6	9	0	0	0	0
10	1	记	1	偿还欠永祥公司货款				7	8	0	0	0	0										贷			2	6	1	2	0	0	0
	9	记	4	还欠湘江机械厂货款				6	5	0	0	0	0										贷			1	9	6	2	0	0	0
	24	记	10	还欠金华工厂货款				8	7	2	0	0	0										贷			1	0	9	0	0	0	0
	30	记	12	还欠光明工厂货款				2	5	4	0	0	0										贷				8	3	6	0	0	0
				过次页																												

总分类账（四）

科目　　库存现金

月	日	字	号	摘要	百	十	万	千	百	十	元	角	分	百	十	万	千	百	十	元	角	分	借或贷	百	十	万	千	百	十	元	角	分
							借	方								贷	方								余	额					
10	1			期初余额																			借				3	1	0	0	0	0
10	1	记	1	偿还欠永祥公司货款													7	8	0	0	0	0	借				2	3	2	0	0	0
	16	记	7	向福盛公司销售产品				2	3	4	0	0	0										借				4	6	6	0	0	0
	21	记	9	将销售款现金存银行													3	2	4	0	0	0	借				1	4	2	0	0	0
				过次页																												

总分类账（五）

科目　　　银行存款　　　

17年		凭证		摘　要	借　方									贷　方									借或贷	余　额								
月	日	字	号		百	十	万	千	百	十	元	角	分	百	十	万	千	百	十	元	角	分		百	十	万	千	百	十	元	角	分
10	1			期初余额																			借			9	3	0	0	0	0
10	2	记	2	向海河工厂销售产品			5	0	0	0	0	0											借		1	4	3	0	0	0	0
	6	记	3	收新华工厂欠货款				9	8	0	0	0											借		1	5	2	8	0	0	0
	9	记	4	还欠湘江机械厂货款												6	5	0	0	0	0		借			8	7	8	0	0	0
	14	记	6	收华宇公司欠货款			8	3	0	0	0	0											借		1	7	0	8	0	0	0
	21	记	9	将销货款现金存银行			3	2	4	0	0	0											借		2	0	3	2	0	0	0
	24	记	10	还欠金华公司货款												8	2	7	0	0	0		借		1	2	0	5	0	0	0
	27	记	11	收新星工厂欠货款			8	7	9	3	0	0											借		2	0	8	4	3	0	0
	30	记	12	还欠光明工厂货款												2	5	4	0	0	0		借		1	8	3	0	3	0	0
				过次页																												

改错记账凭证用纸

改错凭证序号	摘　要	更正方法及会计分录	改错凭证序号	摘　要	更正方法及会计分录
1			7		
2			8		
3			9		
4			10		
5			11		
6			12		

第九章　财产清查

一、本章重要名词

1. 财产清查
2. 全部清查
3. 局部清查
4. 定期清查
5. 不定期清查
6. 永续盘存制
7. 实地盘存制
8. 个别计价法
9. 先进先出法
10. 全月一次加权平均法
11. 移动加权平均法
12. 未达账项
13. 实地盘点
14. 技术推算法

二、简答题

1. 造成账实不符的原因有哪些?
2. 存货盘存制度包括哪两种? 它们各自的优缺点有哪些?
3. 全面清查适用于哪些情况? 局部清查适用于哪些情况?
4. 常见的存货计价方法有哪几种? 为什么实地盘存制下不适用移动加权平均法?
5. 什么是未达账项? 企业与银行之间可能发生哪些未达账项? 怎样进行调整?
6. 对于流动资产的盘盈、盘亏如何进行账务处理?
7. 对于固定资产的盘盈、盘亏如何进行账务处理?

三、单项选择题

1. 财产清查的根本目的是(　　)。
   A. 核对各账项之间是否相符　　　　B. 核对账实是否相符
   C. 核对账证是否相符　　　　　　　D. 核对账表是否相符
2. 财产清查的内容不包括(　　)。
   A. 实物资产清查　　　　　　　　　B. 货币资金清查

C. 结算资金清查   D. 递延资产清查

3. 在实际工作中被广泛采用的财产清查制度是（ ）。

  A. 永续盘存制   B. 实地盘存制

  C. 盘存计耗制   D. 盘存计销制

4. 采用实地盘存制，平时对财产物资的记录（ ）。

  A. 只登记发出数，不登记收入数

  B. 只登记收入数，不登记发出数

  C. 先登记收入数后登记发出数

  D. 收入，支出都不登记。

5. 某公司月初 A 材料结存金额为 5 000 元，结存 250 千克；本月 2 日和 12 日分别购买 A 材料 100 千克，单价分别为 22 元和 27 元；本月 15 日领用 A 材料 400 千克，用加权平均法核算发出存货的成本，计算 A 材料期末结存金额为（ ）元。

  A. 1 287   B. 1 800   C. 1 100   D. 1 150

6. 在物价持续下跌的情况下，发出存货采用（ ）方法更能体现谨慎性原则。

  A. 移动加权平均法   B. 月末一次加权平均法

  C. 个别计价法   D. 先进先出法

7. 在物价持续下跌时期，企业发出存货的计价方法由原来的加权平均法改为先进先出法，会使得企业（ ）。

  A. 低估当期利润，高估库存存货价值

  B. 低估当期利润，低估库存存货价值

  C. 高估当期利润，高估库存存货价值

  D. 高估当期利润，低估库存存货价值

8. 现金盘点应采用的方法是（ ）。

  A. 实地盘点法   B. 技术推算法

  C. 账目核对法   D. 询证核对法

9. 对银行存款的清查一般采用（ ）法。

  A. 实地盘点   B. 核对账目

  C. 技术推算   D. 询证法

10. 在企业和银行双方记账均无错误的情况下，造成银行对账单与企业银行存款日记账的余额不一致的原因是（ ）。

  A. 应付账款   B. 外埠存款

  C. 未达账项   D. 应收账款

11. 对各种应收款、应付款的清查方法一般采用（ ）。

  A. 实地盘点法   B. 询证法

  C. 核对账目   D. 技术测定法

12. 对于大件商品，一般采用（ ）方法进行盘点。

  A. 验重量   B. 量长度

  C. 量体积   D. 点件数

13. 对于大量成堆、难以逐一盘点的实物资产，一般采用（ ）方法进行盘点。

A. 实地盘点法　　　　　　　　　　B. 抽样盘点法

C. 询证核对法　　　　　　　　　　D. 技术推算法

14. "待处理财产损溢"账户属于（　　　）账户。

A. 损益类　　　　　　　　　　　　B. 资产类

C. 成本类　　　　　　　　　　　　D. 所有者权益

15. 财产清查的盘盈是指（　　　）。

A. 账存大于实存

B. 记账差错导致少记的数额

C. 实存大于账存

D. 财产物资的账面价值小于市场价值。

16. 属于自然损耗产生的财产物资定额内合理亏损,经批准即可转作（　　　）入账。

A. 管理费用　　　　　　　　　　　B. 营业外支出

C. 其他业务支出　　　　　　　　　D. 财务费用

17. 对于盘点发现的财产物资盘盈,应记入"待处理财产损溢"账户的（　　　）。

A. 借方　　　　　　　　　　　　　B. 贷方

C. 借方或贷方　　　　　　　　　　D. 不予反映

18. 在财产清查中发现的存货盘亏,若是属于自然损耗产生的定额内损耗,应于批准时列入（　　　）。

A. "管理费用"科目　　　　　　　　B. "财务费用"科目

C. "其他应收款"科目　　　　　　　D. "营业外支出"科目

19. 在财产清查中发现的存货盘盈,按规定的手续经批准后应冲减记入（　　　）。

A. "管理费用"科目　　　　　　　　B. "财务费用"科目

C. "销售费用"科目　　　　　　　　D. "营业外收入"科目

20. 关于"现金盘点报告表",下列说法中正确的是（　　　）。

A. 它只起到盘存单的作用

B. 它既起到盘存单的作用,又起到实存账存对比表的作用

C. 它只起到实存账存对比表的作用

D. 以上说法都不对

21. 现金清查的方法是（　　　）。

A. 外调核对法　　　　　　　　　　B. 与银行对账单相核对

C. 技术测算法　　　　　　　　　　D. 实地盘点法

22. 出纳员在每日业务终了时进行的清查工作属于（　　　）。

A. 全面清查和不定期清查　　　　　B. 局部清查和定期清查

C. 全面清查和定期清查　　　　　　D. 局部清查和不定期清查

23. 实地盘存制与永续盘存制的主要区别是（　　　）。

A. 盘点的工具不同　　　　　　　　B. 盘亏结果处理不同

C. 盘点的方法不同　　　　　　　　D. 盘点的目标不同

24. 一般而言,单位撤销、合并时,要进行（　　　）。

A. 局部清查　　　　　　　　　　　B. 不定期清查

C. 定期清查   D. 全面清查

25. 对于现金的清查,应将其结果及时填入( )。

    A. 现金盘点报告表   B. 对账单

    C. 盘存单   D. 实存账存对比表

26. 银行存款清查的方法是( )。

    A. 日记账和对账单核对   B. 总分类账和收付款凭证核对

    C. 日记账与总账核对   D. 日记账与收付款凭证核对

27. 对银行已经入账、企业尚未入账的未达账项,企业编制银行存款余额调节表后,一般应当( )。

    A. 根据银行存款余额调节表进行账务处理

    B. 根据银行对账单上的记录进行账务处理

    C. 根据对账单和调节表自制凭证进行账务处理

    D. 待结算凭证到达后再进行账务处理

28. 下列项目的清查应采用询证核对法的是( )。

    A. 固定资产   B. 银行存款

    C. 原材料   D. 应付账款

29. 企业盘盈机器设备一台,重置完全价值为 6 万元,估计已提折旧 3 万元,在未查明盘盈原因之前,正确的会计分录为( )。

    A. 借:固定资产 60 000   B. 借:固定资产 30 000

        贷:累计折旧 30 000   累计折旧 30 000

           待处理财产损溢 30 000   贷:待处理财产损溢 60 000

    C. 借:固定资产 60 000   D. 借:固定资产 60 000

          贷:待处理财产损溢 30 000   贷:以前年度损益调整 60 000

            营业外收入 30 000

30. 对财产物资的收发都有严密的手续,且在账簿中有连续的记载便于确定结存的制度是( )。

    A. 永续盘存制   B. 收付实现制

    C. 实地盘存制   D. 权责发生制

31. 某企业甲材料期初结存 2 000 件,单价 100 元;本期购进 5 000 件,单价 100 元;期末盘点数为 900 件。采用实地盘存制时,本期发出材料的成本为( )元。

    A. 600 000   B. 610 000

    C. 510 000   D. 500 000

32. 某企业银行存款日记账余额为 56 000 元,银行已收企业未收款项 10 000 元,企业已付银行未付款项 2 000 元,银行已付企业未付款项 8 000 元,调节后的银行存款余额是( )元。

    A. 58 000   B. 54 000

    C. 62 000   D. 56 000

33. 某企业财产物资账面期初余额 10 000 元,本期增加额为 5 000 元,采用永续盘存制确定的本期减少额为 12 000 元。如果该企业对财产物资采用实地盘存制度,期末确定的实存额为4 000元。两种方法确定的本期减少额之间相差(　　)元。

    A. 1 000　　　　　　　　　　　　B. 3 000

    C. 1 300　　　　　　　　　　　　D. 1 100

34. 对于盘盈的固定资产,应贷记的会计科目是(　　)科目。

    A. "以前年度损益调整"　　　　　　B. "营业外收入"

    C. "管理费用"　　　　　　　　　　D. "待处理财产损溢"

35. 对于自然灾害造成的存货盘亏,按其净损失经批准后应借记的会计科目是(　　)科目。

    A. "待处理财产损溢"　　　　　　　B. "销售费用"

    C. "管理费用"　　　　　　　　　　D. "营业外支出"

四、多项选择题

1. 财产清查的内容包括(　　)。

    A. 实物的清查　　　　　　　　　　B. 现金的清查

    C. 银行存款的清查　　　　　　　　D. 往来款项的清查

2. 下列事项中,可能引起账实不符的有(　　)。

    A. 未达账项　　　　　　　　　　　B. 收发计量不准确

    C. 经管人员责任事故　　　　　　　D. 自然灾害

3. 全面清查一般是在(　　)进行。

    A. 月末　　　　　　　　　　　　　B. 年末

    C. 清产核资时　　　　　　　　　　D. 合并时

4. 不定期清查主要在(　　)情况下进行。

    A. 资产更换保管人　　　　　　　　B. 价格调整

    C. 发生非常事故　　　　　　　　　D. 进行临时性清产核资

5. 存货盘存制度一般有(　　)。

    A. 永续盘存制　　　　　　　　　　B. 定期盘点制

    C. 不定期盘点制　　　　　　　　　D. 实地盘存制

6. 实地盘存制是指平时在账簿中(　　)。

    A. 登记财产物资的增加数

    B. 登记财产物资的减少数

    C. 不登记财产物资的减少数

    D. 随时登记财产物资的结存数

7. 我国现行的会计准则规定,可以使用的存货发出计价方法有(　　)。

    A. 先进先出法　　　　　　　　　　B. 后进先出法

    C. 个别计价法　　　　　　　　　　D. 加权平均法

8. 发出存货选择的计价方法不同,会对(　　)产生影响。

    A. 营业利润　　　B. 商品销售成本　　　C. 所有者权益　　　D. 所得税

9. 下列各项不能用作原始凭证来调整账簿记录的有(　　)。

    A. 未达账项　　　　　　　　　　　B. 实存账存对比表

  C. 现金盘点报告表   D. 银行存款余额调节表

10. 下列未达账项中,使企业银行存款日记账余额大于银行对账单余额的账项有( )。

  A. 企业已收,银行未收   B. 企业已付,银行未付

  C. 银行已收,企业未收   D. 银行已付,企业未付

11. 财产物资清查中,常用方法有( )。

  A. 全面清查   B. 局部清查

  C. 技术推算清查   D. 实地盘点

12. 将企业银行日记账与银行对账单进行核对的内容包括( )。

  A. 收付的金额   B. 收入来源、时间

  C. 支出用途、时间   D. 结算凭证的种类和号数

13. 属于往来款项的清查有( )。

  A. 应收及预付款项   B. 应付及预收款项

  C. 现金及银行存款   D. 待摊及预提费用

14. 下列清查中,属于实物资产清查的有( )。

  A. 库存现金   B. 原材料

  C. 库存商品   D. 固定资产

15. 下列表单中,属于原始凭证的有( )。

  A. 经济合同   B. 盘点报告单

  C. 银行存款余额调节表   D. 发票

16. 下列财产的清查应采用实地盘点的有( )。

  A. 现金   B. 各项实物资产

  C. 应收账款   D. 银行存款

17. "待处理财产损溢"账户的借方登记( )。

  A. 发生财产的盘盈数   B. 发生财产的盘亏数

  C. 处理财产的盘盈数   D. 处理财产的盘亏数

18. 财产物资的盘存制度有( )。

  A. 实地盘存制   B. 永续盘存制

  C. 收付实现制   D. 权责发生制

19. 财产清查按照清查的时间可分为( )。

  A. 不定期清查   B. 内部清查

  C. 全面清查   D. 定期清查

20. 企业进行全部清查主要发生的情况有( )。

  A. 关停并转时   B. 单位主要负责人调离时

  C. 年终决算后   D. 清产核资时

21. 财产清查按照清查的执行单位不同,可分为( )。

  A. 不定期清查   B. 外部清查

  C. 内部清查   D. 定期清查

22. 在( )的情况下,可以进行不定期清查。

  A. 企业关停并转、清产核资、破产清算

B. 财税部门对本单位进行会计检查

C. 更换财产和现金保管人员

D. 发生自然灾害和意外损失

23. 财产清查前应做的业务上的准备包括（　　）。

　　A. 财务部门的账簿记录准备

　　B. 财产保管部门的实物整理与盘点

　　C. 成立财产清查领导小组

　　D. 计量器具和表册的准备

24. 银行存款余额调节表是（　　）。

　　A. 银行存款清查的方法　　　　　　　B. 调整账面记录的原始依据

　　C. 只起到对账作用　　　　　　　　　D. 盘存表的表现形式

25. 常用的实物财产清查方法包括（　　）。

　　A. 抽样盘点法　　　　　　　　　　　B. 永续盘存法

　　C. 实地盘点法　　　　　　　　　　　D. 技术推算法

26. 按清查的范围不同,财产清查可分为（　　）。

　　A. 内部清查　　　　　　　　　　　　B. 外部清查

　　C. 全面清查　　　　　　　　　　　　D. 局部清查

27. 采用实地盘点法进行清查的项目有（　　）。

　　A. 往来款项　　　　　　　　　　　　B. 库存现金

　　C. 固定资产　　　　　　　　　　　　D. 库存商品

28. 定期清查的时间一般是（　　）。

　　A. 年末　　　　　　　　　　　　　　B. 月末

　　C. 中外合资时　　　　　　　　　　　D. 季末

29. 核对账目法适用于（　　）。

　　A. 短期借款的清查　　　　　　　　　B. 预付账款的清查

　　C. 固定资产的清查　　　　　　　　　D. 银行存款的清查

30. 编制银行存款余额调节表时,计算调节后的余额等于企业银行存款日记账余额（　　）。

　　A. 加双方都未入账的收入款项

　　B. 加企业未入账的支出款项

　　C. 加企业未入账的收入款项

　　D. 加银行未入账的收入款项

31. 对于盘亏的财产物资,经批准后进行会计处理,可能涉及的借方账户有（　　）账户。

　　A. "其他应收款"　　　　　　　　　　B. "待处理财产损溢"

　　C. "管理费用"　　　　　　　　　　　D. "营业外支出"

五、判断题

1. 全面清查一般为定期清查,临时清查一般为局部清查。　　　　　　　　　　　（　　）

2. 从存货的整个周转过程来看,在其他条件相同的情况下,无论采用哪种存货计价方法

对企业利润的影响总额是相同的。 （　　）

3. 现金和银行存款的清查都采用实地盘点法。 （　　）

4. 现金盘点报告单和银行存款余额调节表均可作为企业调整账簿记录的原始凭证。 （　　）

5. 采用永续盘存制，能在账簿记录中及时反映各种财产物资的结存数额，便于财产物资的管理。 （　　）

6. 对于盘亏和毁损的原材料，在查明原因前，应借记"待处理财产损溢"账户，贷记"原材料"账户。 （　　）

7. 如果企业和银行发生记账错误，也可以通过编制银行存款调节表予以调节。 （　　）

8. 企业盘亏的固定资产，经报批后一般转入"其他业务成本"账户。 （　　）

9. 通过银行存款余额调节表调节后的余额是月末企业实际可动用的存款余额。 （　　）

10. 为了明确经济责任，在盘点时，实物保管人员应该回避，不参加盘点，由盘点人员将盘点结果如实登记在盘存单上，通知保管人员。 （　　）

11. 会计部门要在财产清查之前将所有的经济业务登记入账并结出余额。做到账账相符、账证相符，为财产清查提供可靠的依据。 （　　）

12. 采用先进先出法，在物价上涨时，会过低估计企业的当期利润和库存存货价值；反之，会高估企业存货价值和当期利润。 （　　）

13. 采用加权平均法，平时无法从账上提供发出和结存存货的单价及金额，因而不利于加强对存货的管理。所以，它只是理论上的一种方法，一般不为企业所采用。 （　　）

14. 对在银行存款清查时出现的未达账项，可编制银行存款余额调节表来调整，该表是调节账面余额的原始凭证。 （　　）

15. 存货发出的计价方法不同，不仅会影响企业资产负债表中的负债和损益项目，同时也会影响企业资产负债表中的资产项目。 （　　）

16. 实地盘存制是指平时根据会计凭证在账簿中登记各种财产的增加数和减少数，在期末时再通过盘点实物来确定各种财产的数量，并据以确定账实是否相符的一种盘存制度。 （　　）

17. 未达账项是指在企业和银行之间，由于凭证的传递时间不同，而导致记账时间不一致，即一方已接到有关结算凭证已经登记入账，而另一方尚未接到有关结算凭证而未入账的款项。 （　　）

18. 为了反映和监督各单位在财产清查过程中查明的各种资产的盈亏或毁损及报经批准后的转销数额，应设置"待处理财产损溢"账户，该账户属于负债类账户。 （　　）

六、计算题

（一）练习存货发出计价的计算方法

目的：练习存货发出的各种计价方法的运用。

资料：A 商品 3 月份收、发及结存情况如下表所示（假设该商品的销售单价为 3.50 元）：

A 商品的收、发及结存情况表
元

××年		摘要	收入			发出			结存		
月	日		数量	单价	金额	数量	单价	金额	数量	单价	金额
3	1	上期结存							400	2.00	800
	6	购进	600	2.20	1 320				1 000		
	14	发出				600			400		
	21	购进	200	2.40	480				600		
	26	发出				400			200		
	31	购进	400	2.20	880				600		

要求：根据以上提供的资料，分别采取先进先出法、加权平均法和移动加权平均法计算本月发出商品的销售成本。

（二）练习永续盘存制和实地盘存制的区别。

目的：掌握永续盘存制和实地盘存制的会计处理的不同。

资料：某企业 2×17 年 8 月月初库存 A 材料 1 500 千克，单价 12 元，8 月份 A 材料的收发业务如下：

（1）5 日，生产甲产品领用 A 材料 900 千克，单价 12 元。

（2）14 日，用银行存款购入 A 材料 1 000 千克，单价 12 元，已验收入库。

（3）23 日，生产甲产品领用 A 材料 500 千克，单价 12 元。

（4）30 日，实地盘点，确定 A 材料实际库存量为 1 060 千克。

要求：

1. 按照两种盘存制的要求，根据上述资料（1）－（3）笔业务分别编制会计分录（不考虑增值税）。

2. 根据两种盘存制的要求，对该企业 8 月月末 A 材料的盘点结果做出必要的会计处理。

（三）练习银行存款余额调节表的编制方法。

目的：掌握银行存款余额调节表的编制方法。

资料：某企业 2017 年 9 月银行存款日记账和银行对账单的内容如下：

银行存款日记账

2017 年		凭证号数	摘要	结算凭证		借方	贷方	余额
月	日			种类	号数			
9	1		承前页					19 600
	2		存入销货款	交款单	116	4 300		23 900
	6		提现	现支	310		8 946	14 954
	10		支付材料款	托收	732		5 600	9 354
	14		存入销货款	交款单	117	6 800		16 154
	17		支付运费	转支	603		350	15 804

（续表）

2017 年		凭证号数	摘要	结算凭证		借方	贷方	余额
月	日			种类	号数			
	21		支付水电费	转支	604		875	14 929
	23		支付材料款	委托	421		6 380	8 549
	25		投资收益	交款单	118	7 130		15 679
	29		存入销货款	交款单	119	1 650		17 329
	30		垫付运费	转支	605		866	16 463

银行对账单

户名：×企业   2013 年 9 月 30 日

2017 年		摘要	结算凭证		借方	贷方	借或贷	余额
月	日		种类	号数				
	1	承前页					贷	19 600
	2	存入	交款单	116		4 300	贷	23 900
	6	支出	现支	310	8 946		贷	14 954
	10	支出	托收	732	5 600		贷	9 354
	14	存入	交款单	117		6 800	贷	16 154
	17	支出	转支	603	350		贷	15 804
	21	支出	转支	604	875		贷	14 929
	23	支出	委托	421	6 380		贷	8 549
	25	存入	交款单	118		7 130	贷	15 679
	30	存入	委托	427		10 600	贷	26 279
	30	支出	利息凭证		1 600		贷	24 679

要求：将银行存款日记账与银行对账单逐步勾对后，编制银行存款余额调节表。

七、业务练习题

目的：练习财产清查结果的账务处理。

资料：某工厂 2×18 年末财产清查结果如下：

（1）发现账外机器一台，重置完全价值 8 900 元。

（2）A 材料盘亏 2 000 元，B 材料盘盈 560 元。

（3）盘亏甲设备，原价 8 000 元，已提折旧 3 000 元，原因待查。

（4）盘亏的材料属意外灾害造成的损失，盘盈材料属自然升溢。

（5）盘亏设备作营业外支出处理。

要求：根据以上资料编制相应的会计分录。

八、案例题

【**案例1**】　青海公司出纳员小张刚参加工作不久,在工作中处理了以下两项业务:

(1) 在某天的库存现金业务结束后,小张在对库存现金进行例行清查时,发现库存现金短缺50元,为保证账实相符,他决定自掏腰包补齐。

(2) 青海公司经常对其银行存款的实有额心中无数,甚至有时会影响到公司日常业务的结算,公司经理因此指派有关人员检查小张的工作。结果发现,小张每次编制银行存款余额调节表时,只根据公司银行存款日记账的余额加或减对账单中企业的未入账款项来确定公司银行存款的实有数,而且每次做完此项工作以后,小张就立即将这些未入账的款项登记入账。

问题:

(1) 小张对上述两项业务的处理是否正确? 为什么?

(2) 你能给出正确答案吗?

【**案例2**】　Y企业的副经理王刚将企业正在使用的一台设备在未办理任何手续的情况下借给其朋友使用。清查人员在年底盘点时发现盘亏了一台设备,原值为20万元,已提折旧5万元,净值为15万元。经查,属于王副经理所为。于是,派人向借方追索。但借方声称,该设备已被人偷走。当问及王副经理对此事的处理意见时,王刚建议按正常报废处理。

问题:

(1) 盘亏的设备按正常报废处理是否符合会计制度要求?

(2) 该企业应怎样正确处理盘亏的固定资产?

第十章 财务会计报告

一、本章重要名词

1. 会计报表
2. 资产负债表
3. 利润表
4. 账户式利润表
5. 多步式利润表
6. 财务报告
7. 静态会计报表
8. 动态会计报表

二、简答题

1. 会计报表主要的分类方法有哪几种？各种分类方法中包括的具体内容是什么？
2. 资产负债表的格式有哪几种？我国《企业会计准则》规定采用哪种格式？
3. 利润表的格式有哪几种？我国会计制度规定采用哪种格式？
4. 会计报表的种类是如何划分的？
5. 为什么要编制会计报表？会计报表的作用是什么？
6. 资产负债表项目的填列方法有哪几种？试举例说明。
7. 会计报表的编制要求有哪些？

三、单项选择题

1. 财务报表中项目数字的直接来源是(　　)。
   A. 原始凭证　　　　　　　　　　B. 记账凭证
   C. 日记账　　　　　　　　　　　D. 账簿记录
2. (　　)是反映企业在一定时期内经营成果的财务报表。
   A. 资产负债表　　　　　　　　　B. 利润表
   C. 所有者权益变动表　　　　　　D. 现金流量表
3. 财务报表的四张主表为(　　)。
   A. 资产负债表、利润表、现金流量表、利润分配表
   B. 资产负债表、利润表、现金流量表、所有者权益变动表
   C. 资产负债表、利润表、成本表、收入明细表
   D. 成本表、利润表、现金流量表、利润分配表

4. 资产负债表中,"应收账款"项目应根据(　　)填列。

    A. "应账账款"总分类账户

    B. "应账账款"总分类账户所属各明细分类账的期末余额

    C. "应账账款"和"应付账款"总分类账户所属各明细分类账的期末借方余额合计

    D. "应账账款"和"预账账款"总分类账户所属各明细分类账的期末借方余额合计

5. 利润表是反映企业(　　)经营成果及分配情况的报表。

    A. 一定时期内　　　　　　　　B. 特定时期

    C. 相邻期间内　　　　　　　　D. 相邻时期

6. 下列报表中,属于静态报表的是(　　)。

    A. 资产负债表　　　　　　　　B. 利润表

    C. 现金流量表　　　　　　　　D. 所有者权益变动表

7. 利润表应根据(　　)填列。

    A. 利润表账户的期末余额　　　B. 利润表账户的期初余额

    C. 利润表账户的本期发生额　　D. 利润表账户的借方发生额

8. 资产负债表中,"未分配利润"项目应根据(　　)填列。

    A. 企业所实现的利润

    B. 企业的利润分配数

    C. "本年利润"账户期末余额

    D. "本年利润"和"利润分配"账户期末余额抵减后的差额

9. 依照我国《企业会计准则》的规定,资产负债表采用的格式为(　　)。

    A. 账户式　　　　　　　　　　B. 混合式

  C. 单步报告式　　　　　　　　D. 多步报告式

10. 依照我国《企业会计准则》的规定,利润表采用的格式为(　　)。

    A. 账户式　　　　　　　　　　B. 混合式

    C. 单步报告式　　　　　　　　D. 多步报告式

11. "应收账款"账户所属明细账账户如有贷方余额,应在资产负债表中(　　)项目内反映。

    A. "预付账款"　　　　　　　　B. "预收账款"

    C. "应收账款"　　　　　　　　D. "应付账款"

12. 按照编制单位的不同,会计报表可以分为(　　)。

    A. 企业会计报表和事业会计报表　B. 主、附表和财务状况说明书

    C. 单位会计报表和汇总会计报表　D. 个别会计报表和合并会计报表

13. 通过资产负债表不能了解(　　)。

    A. 企业固定资产的新旧程度　　B. 企业的财务成果及其形成过程

    C. 企业的经济资源及分布的情况　D. 企业资金的来源渠道和构成

14. 资产负债表中资产的排列顺序是(　　)。

    A. 项目收益性　　　　　　　　B. 项目重要性

    C. 项目流动性　　　　　　　　D. 项目时间性

15. 资产负债表是反映企业(　　)财务状况的会计报表。

A. 某一时点   B. 一定时期内

C. 某一年份内   D. 某一月份内

16. 在下列会计报表中,属于反映企业对外的静态报表的是( )。

    A. 现金流量表   B. 资产负债表

    C. 利润表   D. 所有者权益增减变动表

17. "应付账款"科目所属明细科目如有借方余额,应在资产负债表中( )项目内反映。

    A. "应收账款"   B. "应付账款"

    C. "预收账款"   D. "预付账款"

18. 编制会计报表时,以"资产=负债+所有者权益"等式作为编制依据的报表是( )。

    A. 资产负债表   B. 现金流量表

    C. 利润表   D. 所有者权益增减变动表

19. 以"收入-费用=利润"这一会计等式作为编制依据的会计报表是( )。

    A. 资产负债表   B. 现金流量表

    C. 利润表   D. 所有者权益增减变动表

20. 某企业应付账款明细账期末余额情况如下:A 企业贷方余额为 200 000 元,B 企业借方余额为 180 000 元,C 企业贷方余额为 300 000 元。假如该企业"预付账款"明细账均为借方余额,则根据以上数据计算的反映在资产负债表中"应付账款"项目的数额为( )元。

    A. 680 000   B. 320 000

    C. 80 000   D. 500 000

21. 某企业应收账款明细账借方余额合计为 280 000 元,贷方余额合计为 73 000 元,"坏账准备"账户贷方余额为 680 元,则资产负债表中"应收账款净额"项目为( )元。

    A. 207 000   B. 279 320

    C. 606 320   D. 280 000

22. 按照会计报表反映的经济内容分类,资产负债表属于( )。

    A. 对外报表   B. 月报

    C. 财务状况报表   D. 经营成果表

23. 资产负债表的下列项目中,应根据几个总账账户期末余额进行汇总填列的是( )。

    A. 货币资金   B. 累计折旧

    C. 交易性金融资产   D. 短期借款

24. 资产负债表中的"存货"项目应根据( )。

    A. "库存商品"账户的期末借方余额直接填列

    B. "原材料"账户的期末借方余额直接填列

    C. "原材料""在产品"和"库存商品"等账户的期末借方余额之和填列

    D. "原材料""生产成本"和"库存商品"等账户的期末借方余额之和填列

25. 某企业 2×18 年 2 月主营业务收入为 100 万元,主营业务成本为 80 万元,管理费用为 5 万元,资产减值损失为 2 万元,投资收益为 10 万元。假定不考虑其他因素,该企业当月的营业利润为( )万元。

    A. 13   B. 15   C. 18   D. 23

四、多项选择题

1. 财务报表的使用者包括(　　)。
   A. 投资者
   B. 债权人
   C. 政府及其机构
   D. 潜在的投资者和债权人

2. 财务报表的编制必须做到(　　)。
   A. 数字真实
   B. 计算准确
   C. 内容完整
   D. 编报及时

3. 按财务报表编报主体的不同进行分类,财务报表可分为(　　)。
   A. 单位报表
   B. 汇总报表
   C. 合并报表
   D. 内部报表

4. 资产负债表的格式有(　　)。
   A. 单步式
   B. 报告式
   C. 多步式
   D. 账户式

5. 利润表表体的列示方法有(　　)。
   A. 单步式
   B. 报告式
   C. 多步式
   D. 账户式

6. 资产负债表中"预收账款"项目应根据(　　)之和来填列。
   A. "预收账款"明细科目的借方余额
   B. "预收账款"明细科目的贷方余额
   C. "应收账款"明细科目的借方余额
   D. "应收账款"明细科目的贷方余额

7. 企业的下列报表中,属于对外报表的有(　　)。
   A. 资产负债表
   B. 所有者权益增减变动表
   C. 利润表
   D. 现金流量表

8. 企业的年度会计报表附注应披露的内容有(　　)。
   A. 或有事项的说明
   B. 资产负债表日后事项的说明
   C. 遵循《企业会计准则》的声明
   D. 重要会计政策和会计估计的说明

9. 资产负债表中"存货"项目反映的内容包括(　　)。
   A. 发出商品
   B. 委托代销商品
   C. 委托加工物资
   D. 生产成本

10. 资产负债表中的"货币资金"项目应根据(　　)科目期末余额的合计数填列。
    A. "备用金"
    B. "库存现金"
    C. "银行存款"
    D. "其他货币资金"

11. 资产负债表中,流动资产包括的项目有(　　)。
    A. 无形资产
    B. 交易性金融资产
    C. 预付账款
    D. 固定资产

12. 资产负债表中的"存货"项目根据应(　　)账户的期末余额的合计数进行填列。
    A. "材料成本差异"　B. "材料采购"　　C. "销售费用"　　D. "生产成本"

13. 在利润表中,应列入"税金及附加"项目的税费有( )。
    A. 城市维护建设税 B. 资源税
    C. 教育费附加 D. 增值税
14. 利润表提供的信息包括( )。
    A. 实现的营业收入 B. 发生的营业成本
    C. 营业利润 D. 利润或亏损总额
15. 下列各项中,影响企业营业利润的有( )。
    A. 出售原材料损失 B. 计提无形资产减值准备
    C. 公益性捐赠支出 D. 计提的坏账准备
16. 企业的下列报表中,属于对内会计报表的有( )。
    A. 资产负债表和利润表 B. 销售费用明细表
    C. 所有者权益增减变动表 D. 生产成本明细表
17. 会计报表的使用者包括( )。
    A. 投资者和债权人 B. 潜在的投资者
    C. 国家政府部门 D. 企业内部管理层
18. 在编制资产负债表中,应根据总账科目的期末借方余额直接填列的项目有( )。
    A. 坏账准备 B. 累计折旧
    C. 短期借款 D. 固定资产原价
19. 根据《企业会计准则》的规定,企业财务报告包括( )。
    A. 财务报表 B. 附注
    C. 其他应在财务报告中披露的信息 D. 利润预测报告

五、判断题

1. 利润表是反映企业在一定期间的经营成果的报表。 ( )
2. 资产负债表中,资产的排列顺序是根据重要性原则确定的。 ( )
3. 企业年度利润表中"利润总额"项目应该和年末、年初净资产的差额相等。 ( )
4. 作为利润表编制基础的平衡公式是"收入－费用＝利润"。 ( )
5. 资产负债表中"期末数"栏内各项目金额指的是总账账户的期末余额。 ( )
6. 利润表根据各账户的期末余额填列。 ( )
7. 资产负债表是反映企业在一定时期内的资产、负债和所有者权益情况的报表。 ( )
8. 会计报表按其反映的内容,可以分为动态会计报表和静态会计报表。 ( )
9. 利润表是反映企业月末、季末或年末取得的利润或发生的亏损情况的报表。 ( )
10. 目前国际上比较普遍的利润表的格式主要有多步式和单步式利润表两种。为简便明晰起见,我国企业采用的是单步式利润表格式。 ( )
11. 资产负债表的"期末数"栏各项目主要是根据总账或有关明细账期末贷方余额直接填列的。 ( )
12. 资产负债表中"货币资金"项目反映企业库存现金、银行结算户存款、外埠存款、银行汇票存款和银行本票存款等货币资金的合计数,因此,本项目应根据"库存现金""银行存款"账户的期末余额合计数填列。 ( )

13. 资产负债表中"应收账款"项目应根据"应收账款"账户所属各明细账账户的期末借方余额合计填列。如果"预付账款"账户所属有关明细账账户有借方余额的,也应包括在本项目内。如果"应收账款"账户所属明细账账户有贷方余额的,应包括在"预付账款"项目内填列。

（　　）

14. 利润表中"营业成本"项目,是反映企业销售产品和提供劳务等主要经营业务的各项销售费用和实际成本。

（　　）

15. 资产负债表中"非流动负债"部分列示的是企业报告期末全部长期负债余额,因而"非流动负债合计"项目的金额等于报告期末"长期借款""应付债券""长期应付款"等所有非流动负债类科目余额之和。

（　　）

六、业务核算题

习题一

（一）目的:练习资产负债表中有关项目的编制方法。

（二）资料:某公司 2×18 年 12 月 31 日有关账户的期末余额如下:

应收账款——A 公司　50 000 元（借方）

应付账款——B 公司　70 000 元（贷方）

预收账款——C 公司　40 000 元（贷方）

预付账款——D 公司　20 000 元（借方）

预收账款——E 公司　26 000 元（借方）

预付账款——F 公司　36 000 元（贷方）

（三）要求:根据上述资料计算资产负债表中的下列项目金额（列示计算过程）:

(1)"应收账款"项目。

(2)"应付账款"项目。

(3)"预收账款"项目。

(4)"预付账款"项目。

习题二

（一）目的:练习资产负债表、利润表的编制。

（二）资料:

(1) 科瑞股份有限公司为增值税一般纳税人,该公司 2017 年 12 月 31 日的资产负债表如下:

资产负债表

2017 年 12 月 31 日

编制单位:科瑞股份有限公司 元

资　产	年末数	负债和所有者权益	年末数
流动资产		流动负债	
货币资金	3 500 000	短期借款	350 000
以公允价值计量且其变动计入当期损益的金融资产		以公允价值计量且其变动计入当期损益的金融负债	
衍生金融资产		衍生金融负债	
应收票据	350 000	应付票据	210 000
应收账款	2 089 500	应付账款	700 000
预付款项	175 000	预收款项	
应收利息		应付职工薪酬	80 500
应收股利		应交税费	252 000
其他应收款	10 500	应付利息	
存货	2 800 000	应付股利	
持有待售资产		持有待售负债	
一年内到期的非流动资产		其他应付款	157 500
其他流动资产		一年内到期的非流动负债	
流动资产合计	8 925 000	其他流动负债	
非流动资产		流动负债合计	1 750 000
可供出售金融资产		非流动负债	
持有至到期投资		长期借款	3 500 000
长期应收款		应付债券	700 000
长期股权投资	2 100 000	长期应付款	350 000
投资性房地产		专项应付款	1 050 000
固定资产		预计负债	
固定资产原价	10 500 000	递延所得税负债	
减:累计折旧	2 100 000	非流动负债合计	5 600 000
减:固定资产减值准备		负债合计	7 350 000
固定资产净额	8 400 000	所有者权益(或股东权益)	
工程物资		实收资本(或股本)	10 500 000
在建工程	1 050 000	资本公积	1 750 000

（续表）

资　产	年末数	负债和所有者权益	年末数
固定资产清理		盈余公积	1 400 000
固定资产合计	9 450 000	未分配利润	
生产性生物资产		减：库存股	
油汽资产		所有者权益（或股东权益）合计	13 650 000
无形资产	350 000		
长期待摊费用	175 000		
非流动资产合计	12 075 000		
资产总计	21 000 000	负债和所有者权益（或股东权益）总计	21 000 000

（2）该公司 2018 年度发生下列经济业务：

① 购入生产用材料一批，价款 3 500 000 元，增值税 560 000 元，货款及增值税尚未支付，材料已验收入库。

② 售出产品一批，生产成本 700 000 元，取得销售收入 1 750 000 元，增值税 280 000 元，款项均已收到并存入银行。

③ 以原材料对外投资，假设公允价值、成本与计税价格均为 350 000 元，增值税税率为 16％。

④ 出售一批多余的生产用材料，账面成本为 175 000 元，出售价格为 350 000 元，增值税为 56 000 元，款项尚未收到。

⑤ 本期分配和发放的工资费用为 140 000 元，其中，生产工人工资 105 000 元，管理人员工资 35 000 元。

⑥ 拥有凯里公司 35％的权益性资本，凯里公司本年度实现净利润 4 000 000 元，实际分配现金股利 2 400 000 元。

⑦ 向银行借入短期借款 1050 000 元。本年度以银行存款支付利息费用 105 000 元。

⑧ 本期计提坏账准备 2 000 元。

⑨ 向银行借入长期借款 2 800 000 元，本年度的应付利息为 280 000 元。

⑩ 购入债券 350 000 元，本年度的应计利息为 35 000 元，企业将其划分为交易性金融资产。年末其公允价值为 345 000 元。

⑪ 计提折旧 210 000 元，其中，生产车间用固定资产折旧 140 000 元，管理部门用固定资产折旧 70 000 元。

⑫ 购入设备一台，全部支出 245 000 元均以银行存款支付。

⑬ 盘亏设备一台，原值 200 000 元，已提折旧 95 000 元，已经批准做损益处理。

⑭ 归还长期借款 350 000 元。

⑮ 以一台设备对外投资，账面原值 300 000 元，已提折旧 55 000 元，合同约定的价值为 280 000 元。

⑯ 摊销无形资产价值 70 000 元。

⑰ 计算应计所得税 348 000 元。本年度实际缴纳所得税 175 000 元、增值税 105 000 元、城市维护建设税 70 000 元。

⑱ 结转本年利润。

⑲ 提取法定盈余公积 350 000 元，应付普通股股利 700 000 元。

⑳ 以现金支付普通股股利 700 000 元。

（三）要求

1. 根据资料（2）编制会计分录，并根据编制的会计分录和资料（1）编制本期发生额及余额试算平衡表。

2. 根据本期发生额及余额试算平衡表，编制 2018 年资产负债表、利润表。

第十一章　账务处理程序

一、名词解释

1. 账务处理程序
2. 凭证与账簿组织
3. 记账程序和方法
4. 记账凭证账务处理程序
5. 科目汇总表账务处理程序
6. 汇总记账凭证账务处理程序

二、简答题

1. 什么是账务处理程序？建立科学、合理的账务处理程序的意义是什么？
2. 账务处理程序有哪几种？
3. 记账凭证账务处理程序的主要特点是什么？说明其具体的核算步骤以及优、缺点和适用范围。
4. 科目汇总表账务处理程序的主要特点是什么？说明其具体的核算步骤以及优、缺点和适用范围。
5. 汇总记账凭证账务处理程序的主要特点是什么？说明其具体的核算步骤以及优、缺点和适用范围。

三、单项选择题

1. 目前，我国所采用的账务处理程序中最基本的是（　　）。
   A. 记账凭证账务处理程序　　　　　　B. 科目汇总表账务处理程序
   C. 汇总记账凭证账务处理程序　　　　D. 多栏式日记账凭证
2. 直接根据记账凭证逐笔登记总分类账的账务处理程序是（　　）。
   A. 记账凭证账务处理程序　　　　　　B. 科目汇总表账务处理程序
   C. 汇总记账凭证账务处理程序　　　　D. 多栏式日记账账务处理程序
3. 科目汇总表账务处理程序的特点是（　　）。
   A. 根据记账凭证登记总账　　　　　　B. 根据科目汇总表登记总账
   C. 根据记账凭证登记总账　　　　　　D. 根据多栏式日记账登记总账
4. 在科目汇总表账务处理程序下，一般应力求编制（　　）记账凭证。
   A. 一借多贷　　　　　　　　　　　　B. 一贷多借
   C. 一贷多借　　　　　　　　　　　　D. 多贷多借

5. 科目汇总表账务处理程序一般适用于(　　)。
 A. 规模小,业务量小的企业单位 B. 规模小,业务量多的单位
 C. 规模大,业务量小的企业单位 D. 规模大,业务量多的企业单位

6. 汇总收款凭证是汇总(　　)而编制的。
 A. 记账凭证   B. 收款凭证
 C. 付款凭证   D. 转账凭证

7. 汇总付款凭证是根据"库存现金""银行存款"科目的(　　)设置,按借方汇总,定期编制。
 A. 借方   B. 贷方
 C. 借方和贷方   D. 借方或贷方

8. 汇总转账凭证是根据转账凭证按每个科目的贷方设置,按(　　)汇总,定期编制。
 A. 借方   B. 贷方
 C. 借方和贷方   D. 借方或贷方

9. 多栏式日记账账务处理程序一般适用于(　　)企业单位。
 A. 规模小,业务量少   B. 规模小,业务量多
 C. 规模大,业务量多   D. 规模大,收付业务较多

10. 各种账务处理程序的主要区别是(　　)。
 A. 会计凭证格式不同   B. 会计账簿不同
 C. 登记总账的依据不同   D. 会计报表种类不同

11. 记账凭证核算组织程序下登记总分类账的根据是(　　)。
 A. 科目汇总表   B. 原始凭证
 C. 记账凭证   D. 汇总记账凭证

12. 在下列核算组织程序中,被称为最基本的会计核算组织程序的是(　　)。
 A. 科目汇总表核算组织程序 B. 日记总账核算组织程序
 C. 记账凭证核算组织程序   D. 汇总记账凭证核算组织程序

13. 汇总收款凭证是按(　　)。
 A. 付款凭证上的借方科目设置的 B. 付款凭证上的贷方科目设置的
 C. 收款凭证上的借方科目设置的 D. 收款凭证上的贷方科目设置的

14. 汇总付款凭证应按(　　)。
 A. 付款凭证上的借方科目定期汇总 B. 付款凭证上的贷方科目定期汇总
 C. 收款凭证上的借方科目定期汇总 D. 收款凭证上的贷方科目定期汇总

15. 汇总转账凭证是按(　　)。
 A. 转账凭证上的贷方科目设置的 B. 转账凭证上的借方科目设置的
 C. 收款凭证上的贷方科目设置的 D. 付款凭证上的贷方科目设置的

16. 汇总记账凭证核算组织程序的特点是(　　)。
 A. 根据各种汇总记账凭证直接登记明细分类账
 B. 根据各种记账凭证上直接登记总分类账
 C. 根据各种汇总记账凭证直接登记总分类账
 D. 根据各种汇总记账凭证直接登记日记账

17. 科目汇总表的基本编制方法是(　　)。
    A. 按照借方会计科目进行归类定期汇总
    B. 按照贷方会计科目进行归类定期汇总
    C. 按照不同会计科目进行归类定期汇总
    D. 按照相同会计科目进行归类定期汇总

18. 科目汇总表核算组织程序的特点是(　　)。
    A. 根据科目汇总表登记明细分类账
    B. 根据各种记账凭证直接登记总分类账
    C. 根据科目汇总表登记总分类账
    D. 根据汇总记账凭证登记总分类账

19. 日记总账核算组织程序的特点是(　　)。
    A. 根据各种记账凭证直接逐笔登记总分类账
    B. 根据各种记账凭证直接逐笔登记明细分类账
    C. 根据各种记账凭证直接逐笔登记日记总账
    D. 根据各种记账凭证直接逐笔登记日记账

20. 记账凭证财务处理程序、汇总记账凭证账务处理程序和科目汇总表财务处理程序的主要不同点是(　　)。
    A. 登记总分类账的依据不同　　　　B. 编制汇总记账凭证的依据不同
    C. 登记日记账的依据不同　　　　　D. 编制记账凭证的依据不同

四、多项选择题

1. 账务处理程序是以账簿体系为核心,把(　　)有机结合起来的技术组织方式。
    A. 会计凭证　　　　　　　　　　B. 会计账簿
    C. 记账方法　　　　　　　　　　D. 记账程序和编制会计报表

2. 我国企业、事业单位所采用的账务处理程序主要有(　　)。
    A. 记账凭证账务处理程序　　　　B. 科目汇总表账务处理程序
    C. 日记账账务处理程序　　　　　D. 汇总记账凭证账务处理程序

3. 科目汇总表账务处理程序的优点是(　　)。
    A. 减少登记总账的工作量　　　　B. 手续简便
    C. 可以根据科目汇总表进行试算平衡　D. 能够反映科目的对应关系

4. 汇总记账凭证主要有(　　)。
    A. 汇总原始凭证　　　　　　　　B. 汇总收款凭证
    C. 汇总付款凭证　　　　　　　　D. 汇总转账凭证

5. 汇总记账凭证根据贷方设置,按借方汇总定期编制的是(　　)。
    A. 汇总原始凭证　　　　　　　　B. 汇总收款凭证
    C. 汇总付款凭证　　　　　　　　D. 汇总转账凭证

6. 汇总记账凭证账务处理程序的主要优点是(　　)。
    A. 减少登记总账的工作量　　　　B. 手续简便
    C. 可以进行试算平衡　　　　　　D. 能够反映科目的对应关系

7. 多栏式日记账账务处理程序一般适用于( )的企业单位。

    A. 业务少   B. 规模大

    C. 收付业务多   D. 规模小

9. 各种账务处理程序核算步骤相同之处为( )。

    A. 根据原始凭证或原始凭证汇总表填制记账凭证

    B. 根据记账凭证和有关原始凭证登记明细账

    C. 根据总账和明细账编制会计报表

    D. 根据记账凭证和有关原始凭证登记明细账

10. 会计循环的主要环节有( )。

    A. 设置账户   B. 填制会计凭证和登记账簿

    C. 编制会计报表   D. 成本计算

11. 在会计循环中,属于会计主体日常会计核算工作内容的有( )。

    A. 根据原始凭证填制记账凭证   B. 根据编制的会计分录登记分类账

    C. 编制调整分录并予以过账   D. 根据分类账记录编制结账前试算表

12. 在会计循环中,属于会计主体会计期末会计核算工作内容的有( )。

    A. 编制结账后试算表   B. 编制调整分录并予以过账

    C. 编制会计报表   D. 编制结账分录并登记入账

13. 记账凭证核算组织程序的优点有( )。

    A. 在记账凭证上能够清晰地反映账户之间的对应关系

    B. 可以减轻总分类账登记的工作量

    C. 总分类账登记方法易于掌握

    D. 在总分类账上能够比较详细地反映经济业务的发生情况

14. 为便于编制汇总收款凭证,日常编制收款凭证时,会计分录形式最好是( )。

    A. 多借多贷   B. 多借一贷

    C. 一借一贷   D. 一借多贷

15. 为了便汇总转账凭证的编制,日常编制转账凭证时,会计分录形式最好是( )。

    A. 多借多贷   B. 一借多贷

    C. 一借一贷   D. 一贷多借

16. 科目汇总表核算组织程序的优点有( )。

    A. 能够保证总分类账登记的正确性   B. 适用性比较强

    C. 可以进行账户发生额的试算平衡   D. 可减轻登记总账的工作量

五、判断题

1. 账务处理程序就是以会计凭证为核心,把会计凭证、会计账簿、记账方法、记账程序和编制会计报表有机结合起来的技术组织方式。   ( )

2. 记账程序和方法是指从凭证的填制、审核、传递到登记账簿,根据账簿记录编制会计报表的程序和方法。   ( )

3. 目前,我国各企业、事业机关等单位所采用的账务处理程序主要有四种,其中科目汇总表账务处理程序是最基本的形式。   ( )

4. 记账凭证账务处理程序的主要特点是根据记账凭证逐笔登记总分类账。　　　　（　　）

5. 记账凭证账务处理程序一般适用于规模较大、业务量较多的企业单位。　　　　（　　）

6. 科目汇总表账务处理程序的优点是手续简便，记账程序简便。　　　　　　　　（　　）

7. 科目汇总表账务处理程序不利于分析检查企业的经济活动情况和核对账目。　　（　　）

8. 科目汇总表账务处理程序一般适用于规模小、业务量少的企业单位。　　　　　（　　）

9. 汇总收款凭证是根据"库存现金""银行存款"科目的贷方设置，按借方汇总。　（　　）

10. 汇总付款凭证是根据"库存现金""银行存款"科目的借方设置，按贷方汇总。（　　）

11. 汇总转账凭证是根据转账凭证的贷方设置，并按对应的借方科目归类汇总。　（　　）

12. 汇总记账凭证账务处理程序可以明确地反映科目对应关系，反映经济业务的来龙去脉，便于分析、检查和核对账目。　　　　　　　　　　　　　　　　　　　　　　　（　　）

13. 多栏式日记账账务处理程序一般适用于规模大、业务量多的企业单位。　　　（　　）

14. 每一个会计循环一般都是在一个特定的会计期间内完成的。　　　　　　　　（　　）

15. 记账凭证核算组织程序是最基本的一种会计核算组织程序。　　　　　　　　（　　）

16. 汇总记账凭证是根据各种专用记账凭证汇总而成的。　　　　　　　　　　　（　　）

17. 汇总收款凭证、汇总付款凭证和汇总转账凭证应每月分别编制一张。　　　　（　　）

18. 多借多贷的会计分录会使账户之间的对应关系变得模糊不清。　　　　　　　（　　）

19. 编制汇总记账凭证的作用是可以对总分类账进行汇总登记。　　　　　　　　（　　）

20. 科目汇总表也是一种具有汇总性质的记账凭证。　　　　　　　　　　　　　（　　）

21. 可以根据科目汇总表的汇总数字登记相应的总分类账。　　　　　　　　　　（　　）

22. 科目汇总表的汇总结果体现了所有账户发生额的平衡相等关系。　　　　　　（　　）

23. 日记总账是一种兼具序时账簿和分类账簿两种功能的联合账簿。　　　　　　（　　）

24. 各种核算组织程序下采用的总分类账均为借、贷、余三栏式。　　　　　　　（　　）

25. 填制专用记账凭证是各种核算组织程序所共有的账务处理步骤。　　　　　　（　　）

六、业务题

（一）目的：练习并掌握账务处理程序的运用。

（二）要求：

模块一：掌握记账凭证核算形式的运用

1. 根据资料 1 开设总分类账户，将期初余额登记到有关账户内。

2. 根据资料 2 编制记账凭证（用会计分录代替记账凭证）。

3. 根据编制的记账凭证登记总账，并计算各账户的本期发生额和期末余额。

4. 编制"总分类账本期发生额和期末余额试算平衡表"。

5. 根据编制的"总分类账户本期发生额和期末余额试算平衡表"编制会计报表。

模块二：掌握记账凭证汇总表核算形式的运用

1. 根据资料 1 开设总分类账户，将期初余额登记到有关账户内。

2. 根据资料 2 编制记账凭证（用会计分录代替记账凭证）。

3. 根据编制的记账凭证编制科目汇总表。

4. 根据编制的科目汇总表登记总账，并计算各账户的本期发生额和期末余额。

5. 编制"总分类账本期发生额和期末余额试算平衡表"。

6. 根据编制的"总分类账户本期发生额和期末余额试算平衡表"编制会计报表。

模块三：掌握汇总记账凭证汇核算形式的运用

1. 根据资料1开设总分类账户，将期初余额登记到有关账户内。
2. 根据资料2编制记账凭证(用会计分录代替记账凭证)。
3. 根据编制的记账凭证编制汇总记账凭证。
4. 根据编制的汇总记账凭证登记总账，并计算各账户的本期发生额和期末余额。
5. 编制"总分类账本期发生额和期末余额试算平衡表"。
6. 根据编制的"总分类账户本期发生额和期末余额试算平衡表"编制会计报表。

(三) 资料

1. 新大陆实业责任有限公司2017年12月1日有关账户的余额如下：

账户的余额　　　　　　　　　　　　　　　　　　　元

账户名称	借方金额	账户名称	贷方金额
库存现金	6 000	短期借款	120 000
银行存款	500 000	应付职工薪酬	8 000
原材料	108 000	应交税费	7 000
应收账款	17 800	累计折旧	93 000
库存商品	220 000	实收资本	1 189 800
固定资产	640 000	盈余公积	74 000
合　　计	1 491 800	合　　计	1 491 800

2. 该公司2017年12月发生下列经济业务：

(1) 1日，购买办公用品800元，开出转账支票付讫。

(2) 1日，购入机器设备一台，买价30 000元，运杂费200元，增值税4 800元，款项全部用银行存款支付。

(3) 2日，购进甲材料一批，价款10 000元，运杂费500元，增值税税率为16%，款项全部用银行存款支付。

(4) 3日，出租包装物收取押金200元，收到转账支票一张。

(5) 4日，向银行借入6个月借款100 000元，存入银行。

(6) 4日，购入乙材料一批，价款3 000元，增值税480元，价款未付，材料到达企业，已验收入库。

(7) 5日，用银行存款40 000元购买一项专利技术。

(8) 6日，开出转账支票支付上月应交税金3 500元。

(9) 6日，2日购入的甲材料运达企业，已验收入库。

(10) 7日，开出转账支票支付4日购进乙材料的款项。

(11) 7日，仓库发出材料，供有关部门耗用，其中，生产A产品耗用4 500元，生产B产品耗用7 200元，车间一般耗用2 800元，管理部门使用1 000元。

(12) 8日，职工王炜预借差旅费2 000元，开出现金支票付讫。

(13) 8日，职工刘洋报销市内交通费500元，支付现金。

（14）9 日，以银行存款支付预定下季报刊杂志费 900 元，全部在本月摊销。

（15）10 日，计算本月应付职工工资 13 000 元，其中，生产 A 产品工人工资 5 600 元，生产 B 产品工人工资 4 400 元，车间管理人员工资 2 100 元，管理部门人员工资 900 元。

（16）10 日，从银行提取现金 13 000 元，备发工资。

（17）10 日，以现金支付职工工资 13 000 元。

（18）10 日，按工资总额的 2% 提取工会经费。

（19）11 日，收到华威公司归还的前欠货款 6 000 元，存入银行。

（20）12 日，以银行存款 1 000 元支付业务招待费。

（21）13 日，本月应付供电局电费 5 000 元，其中，生产 A 产品用电费 2 200 元，生产 B 产品用电费 1 800 元，车间照明用电费 500 元，企业管理部门用电费 500 元。

（22）14 日，用银行存款支付上月电费 4 800 元。

（23）15 日，职工王炜出差回来，报销差旅费 2 500 元，多用部分财会部门以现金支付。

（24）16 日，提取本月固定资产折旧费，其中，车间提固定资产折旧 3 000 元，厂部提固定资产折旧 2 000 元。

（25）18 日，摊销以往支付但应由本月负担的车间固定资产租金 3 200 元（摊销期为 3 年）。

（26）19 日，计提应由本月负担的银行借款利息 4 350 元。

（27）20 日，没收逾期未退包装物押金 2 000 元。

（28）21 日，职工张欣报销医药费 800 元，财会部门以现金支付。

（29）22 日，归集并结转本月发生的制造费用，制造费用按生产工人工资比例进行分配。

（30）22 日，本月生产的 A 产品 200 件和 B 产品 500 件全部完工，归集并结转其生产成本。

（31）23 日，以现金 800 元支付业务招待费。

（32）24 日，销售 A 产品 300 件，单价 130 元，增值税 6 240 元，收到款项并存入银行。

（33）25 日，开出现金支票支付销售 A 产品广告费 3 000 元。

（34）28 日，收到外单位分来的投资利润 60 000 元，款项存入银行。

（35）27 日，销售 B 产品 400 件，单价 70 元，增值税 4 480 元，账款尚未收到。

（36）29 日，出售原材料 50 000 元，增值税税率为 16%，货款已收到并存入银行。

（37）30 日，结转已销产品生产成本，其中，A 产品单位生产成本为 80 元，B 产品单位生产成本为 36 元。

（38）30 日，计提并结转本月应交城建税 1 200 元、教育费附加 320 元。

（39）30 日，将本月实现的主营业务收入、其他业务收入、营业外收入和投资收益转入"本年利润"账户。

（40）30 日，将本月发生的主营业务成本、销售费用、税金及附加、营业外支出、管理费用、财务费用转入"本年利润"账户。

（41）30 日，按本月实现利润总额（无税前调整项目）的 25% 计算本月应交所得税。

（42）30 日，将"所得税费用"账户余额转入"本年利润"账户。

（43）30 日，按税后利润的 10% 提取法定盈余公积。

（44）30 日，按税后利润的 50% 计算应付给投资者的利润。

第十二章　会计规范

一、名词解释

1. 会计工作
2. 会计机构
3. 会计人员
4. 独立核算
5. 非独立核算
6. 集中核算
7. 非集中核算
8. 会计规范

二、简答题

1. 什么是会计工作？正确组织会计工作的原则有哪些？
2. 会计人员的职责有哪些？
3. 会计人员应行使哪些权限？
4. 对会计人员应有哪些要求？
5. 《会计法》规定的基本内容有哪些？
6. 什么是会计准则？简述我国会计工作的结构层次？
7. 什么是会计制度？会计制度按内容可以分为哪些类别？

三、单项选择题

1. 最新的《中华人民共和国会计法》于（　　）起实施。
   A. 2000 年 7 月 1 日　　　　　　　　B. 1985 年 5 月 1 日
   C. 1993 年 12 月 29 日　　　　　　　D. 1986 年 1 月 21 日
2. 《中华人民共和国会计法》共修订（　　）次。
   A. 2　　　　　　　B. 3　　　　　　　C. 4　　　　　　　D. 5
3. 会计档案包括（　　）。
   A. 会计凭证、会计账簿、会计报表　　B. 财务计划和预算
   C. 会计法　　　　　　　　　　　　　D. 会计准则
4. 《会计法》在会计法规体系中属于（　　）。
   A. 会计行政法规　　　　　　　　　　B. 会计综合法规
   C. 会计分析法规　　　　　　　　　　D. 会计核算法规

5. 为了防止差错和舞弊,记账人员与经济业务事项和会计事项的相关人员之间应当（　　）。
   A. 职务分离
   B. 对各职务岗位人员赋予相应的职权
   C. 既要职务分离又要相互制约
   D. 不同职务人员相互制约
6. 地方行政区域内的会计工作应由（　　）管理。
   A. 县级以上地方各级人民政府
   B. 市级以上地方各级人民政府
   C. 国务院财政主管部门
   D. 县级以上地方各级人民政府财政部门
7. 会计工作的组织形式在实际工作中通常有（　　）。
   A. 定期核算、不定期核算
   B. 单独核算、汇总核算
   C. 合并核算、独立核算
   D. 集中核算、分散核算
8. 会计人员每年接受面授培训的时间不应少于（　　）。
   A. 6 个月
   B. 一个月
   C. 10 天
   D. 24 小时
9. 会计监督职责主要体现在对不真实、不合法的原始凭证,会计人员可以（　　）。
   A. 予以退回,要求按规定更正补充
   B. 将原始凭证作废
   C. 不予受理
   D. 向单位负责人报告

四、多项选择题

1. 会计人员因专业职务不同,可分为（　　）。
   A. 会计员
   B. 助理会计师
   C. 中级会计师
   D. 高级会计师
   E. 注册会计师
2. 会计工作组织形式主要有（　　）。
   A. 独立核算
   B. 非独立核算
   C. 集中核算
   D. 非集中核算
   E. 总核算
3. 会计法规按其层次和内容不同可以分为（　　）。
   A. 基本法
   B. 会计准则
   C. 会计制度
   D. 会计法
4. 会计法是调整会计关系的（　　）。
   A. 准则
   B. 根本大法
   C. 法律规范
   D. 会计制度
5. 组织会计工作的基本要求是（　　）。
   A. 统一性原则
   B. 成本效益性原则
   C. 个性化原则
   D. 协调性原则
6. 根据内部牵制制度的要求,出纳人员不得兼任的工作有（　　）。
   A. 保管企业会计档案
   B. 登记现金和银行存款日记账
   C. 兼任稽核
   D. 登记应收应付款项总账与明细账
7. 会计人员的工作岗位一般可分为（　　）。

  A. 会计主管、稽核、总账报表

  B. 资金核算、财产物资核算

  C. 往来结算、工资核算、收入利润核算

  D. 成本费用核算、出纳及会计档案保管等

8. 会计档案保管期限为 15 年的有（　　　）。

  A. 现金日记账   B. 汇总凭证

  C. 原始凭证   D. 记账凭证

9. 新会计准则体系包含的内容有（　　　）。

  A. 基本会计准则   B. 具体会计准则

  C. 会计法   D. 会计准则应用指南

10. 会计人员职业道德应包括的内容有（　　　）。

  A. 爱岗敬业、诚实守信   B. 客观公正、坚持准则

  C. 廉洁自律、参与管理   D. 提高技能、强化服务

11. 我国《会计法》规定，（　　　）应当按照国家有关规定建立档案，妥善保管。

  A. 会计凭证   B. 会计账簿

  C. 会计报表   D. 其他会计资料

12. 会计档案中会计凭证包括（　　　）。

  A. 原始凭证   B. 记账凭证

  C. 汇总凭证   D. 其他会计凭证

13. 会计档案中会计账簿类包括（　　　）。

  A. 总账   B. 明细账

  C. 日记账   D. 固定资产卡片和辅助账簿

14. 会计档案中财务报告包括中期、年度和其他财务报告，财务报告具体包括（　　　）。

  A. 会计报表主表   B. 附表

  C. 附注   D. 文字说明

15. 会计档案中其他会计资料包括（　　　）。

  A. 银行余额调节表和银行对账单   B. 会计档案销毁清册

  C. 会计档案移交清册   D. 会计档案保管清册

16. 会计档案（　　　）要永久保管。

  A. 日记账   B. 会计档案保管清册

  C. 会计档案销毁清册为   D. 年度财务报告

17. 保管 15 年的会计账簿包括（　　　）。

  A. 现金和银行存款日记账   B. 总账

  C. 明细账   D. 辅助账簿

18. 会计核算是基本也是最主要的职责，它包括（　　　）。

  A. 填制和审核会计凭证   B. 登记账簿

  C. 编制会计报表   D. 财产清查

19. 一般而言，一个单位是否单独设置会计机构，主要取决于（　　　）因素。

  A. 单位规模的大小   B. 经济业务和财务收支的简繁

C. 经营管理的要求　　　　　　　　D. 上级主管意图

五、判断题

1. 每个会计核算单位都必须设置总会计师。（　　）

2. 会计人员是专职从事会计工作的专业人员。（　　）

3. 按规定,每个单位都必须单独设置会计机构。（　　）

4. 企业不管是采用集中核算还是单独核算,企业同银行的往来,债权、债务结算业务,都必须通过会计部门办理。（　　）

5. 《企业会计准则》和《行业会计制度》是以《会计法》作为制定依据的。（　　）

6. 会计电算化所采用的数据处理方式与手工会计相同。（　　）

7. 会计人员是普及会计电算化的关键。（　　）

8. 会计档案一般都永久保管。（　　）

9. 会计法律是指国家财政部门制定的各种会计规范性文件的总称。（　　）

10. 在我国的会计法律体系中,法律效力最高的是会计准则。（　　）

11. 单位内部会计监督的对象是会计机构、会计人员。（　　）

12. 记账人员与经济业务或会计事项的审批人员、经办人员、财务保管人员的职责权限应当明确,并相互分离、相互制约。（　　）

13. 伪造会计凭证是指用涂改、挖补等手段来改变会计凭证的真实内容,歪曲事实真相的行为。（　　）

14. 单位应当保证会计机构、会计人员依法履行职责,不得故意、指使、强令会计机构、会计人员违法办理会计事项。（　　）

15. 对伪造、变更会计资料或者编制虚假财务报告的会计人员,可处 3 000 元以上 50 000 元以下罚款,五年内不得从事会计工作。（　　）

16. 会计档案的原件不得借出,如有特殊情况,必须经总会计师批准,办理登记手续后方可借出。（　　）

17. 企业财务会计负责人应当具备会计师以上专业技术职务资格或者从事会计工作三年以上经历。（　　）

18. 所谓销毁,是指故意将依法应当保存的会计凭证、会计账簿、会计报告予以毁灭的行为。（　　）

19. 各单位制定的内部会计制度,不属于我国统一会计制度的重要组成部分。（　　）

20. 单位负责人为单位会计责任主体,如果一个单位会计工作中出现违法违纪行为,单位负责人应当承担全部责任。（　　）

21. 财政部门在实施会计监督中发现重大违法嫌疑时,不可以向与被监督单位有经济往来的单位和被监督单位开立账户的金融机构查询有关情况,只有公安或检察机关可以。（　　）

22. 单位内部建立、健全会计监督制度,就是指在单位内部建立的会计监督制度必须健全。（　　）

23. 相对单位内部会计监督而言,外部会计监督是指注册会计师依法进行的独立审计。（　　）

24. 单位负责人对本单位会计工作和会计资料的真实性、完整性负责。　　　　（　　　）

25. 代理记账就是企业委托经批准设立从事会计代理记账业务的中介机构代理记账行为。　　　　　　　　　　　　　　　　　　　　　　　　　　　（　　　）

26. 会计主管人员是负责组织管理会计事务、行使会计机构负责人职权的负责人。

　　　　　　　　　　　　　　　　　　　　　　　　　　　　　　　　（　　　）

27. 出纳人员不得兼任稽核，收入、费用、债权债务账目的登记工作，会计档案保管工作。

　　　　　　　　　　　　　　　　　　　　　　　　　　　　　　　　（　　　）

28. 责令限期改正是指要求违法行为人在一定期限内将其违法行为恢复到合法状态。

　　　　　　　　　　　　　　　　　　　　　　　　　　　　　　　　（　　　）

29. 变造会计凭证的行为是指以虚假的经济业务或者资金往来为前提，编造虚假的会计凭证的行为。　　　　　　　　　　　　　　　　　　　　　　　　　（　　　）

30. 伪造会计凭证的行为是指采取涂改、挖补以及其他方法改变会计凭证真实内容的行为。　　　　　　　　　　　　　　　　　　　　　　　　　　　　　（　　　）

31. 服从领导意图进行会计处理是会计职业道德的内容之一。　　　　　　（　　　）

32. 会计人员违背了会计职业道德，就会受到法律的制裁。　　　　　　　（　　　）

33. 会计职业道德是以善恶为标准来判定会计人员的行为是否违背道德规范。（　　　）

34. 社会实践是形成会计职业道德修养的根本途径。　　　　　　　　　　（　　　）

35. 会计人员违背了会计职业道德的，由所在单位进行处罚。　　　　　　（　　　）

36. 会计人员泄露商业秘密，既违背了会计职业道德，也违反了相关法律。（　　　）

六、案例题

　　某企业财务部设财务经理、会计及出纳三个岗位，按照内部牵制制度的要求对出纳的工作进行了如下安排：出纳负责保管现金、登记现金及银行存款日记账，每月月初到开户银行取回银行对账单。会计将银行对账单与银行存款日记账核对后编制银行存款余额调节表。2×16年8月，由于财务经理调离，新财务经理对财务部情况不熟悉，很多事务需要会计协助，会计因工作繁忙便没有核对8—11月份的银行对账单，也未编制银行存款余额调节表。财务部出纳见会计8月份未核对银行对账单，便从9月份开始挪用财务部资金（以各种名目为由，填写现金支票，自己提现使用）。12月月初，会计要求其将银行对账单拿来核对，以便编制银行存款余额调节表。出纳见事情败露，便于当晚潜逃。第二天会计发现银行对账单与银行存款日记账不符，便向总公司汇报，经查，发现出纳从9月份挪用第一笔资金开始，三个月共累计挪用人民币90万元、港币10万元。由于出纳所挪用的钱已经基本上挥霍一空，后追捕出纳归案，出纳虽然受到了法律的严厉制裁，但造成的损失已经无法挽回。

　　问题：试从以上案例讨论会计基础工作的重要性，并根据本章知识讨论企业单位应如何做好会计基础工作。

第二部分

《基础会计学》操作实务

操作实务部分需要的有关凭证及账簿等资料实际使用账页的配套数量如下：

（1）记账凭证：通用记账凭证 68 张（或专用记账凭证：收款凭证 11 张、付款凭证 24 张和转账凭证 33 张）；

（2）日记账：现金日记账 1 张、银行存款日记账账页 2 张；

（3）三栏式明细账：三栏式明细账账页 4 张；

（4）数量金额式明细账：数量金额式明细账账页 3 张；

（5）多栏式明细账：多栏式明细账账页 3 张；

（6）本期发生额及余额明细表：原材料明细账本期发生额及余额明细表、应付账款明细账本期发生额及余额明细表和应收账款明细账本期发生额及余额明细表各 1 张；

（7）三栏式总账：三栏式总分类账账页 27 张；

（8）科目汇总表（记账凭证汇总表）：科目汇总表 3 张；

（9）利润表：利润表 1 张（可以利用实习资料中的报表样式）；

（10）资产负债表：资产负债表 1 张（可以利用实习资料中的报表样式）。

实验一　填制和审核记账凭证

一、实验目的

记账凭证是会计人员根据审核无误的原始凭证编制的并据以登记账簿的书面证明。通过该实验，掌握各类记账凭证的填制及审核方法。

二、实验要求

根据实验资料编制记账凭证。

三、实验操作指导

1. 材料核算按实际成本计价，不使用"材料采购或在途物资"会计科目，材料入库时，直接记入"原材料"账户（即材料入库时，借记原材料、应交税费，贷记银行存款等）。

2. 填制记账凭证必须内容齐备，采用通用记账凭证。编号方法为按记字第 1 号、记字第 2 号，等等。如果一笔经济业务需要编制几张记账凭证时，采用分数编号法，如第 10 笔经济业务需要编制 2 张记账凭证时，其编号方法为记字第 $10\frac{1}{2}$ 号和记字第 $10\frac{2}{2}$ 号。如果采用专用记账凭证，则按照分类编号法，即收字第 1 号、收字第 2 号，等等；付字第 1 号、付字第 2 号，等等；转字第 1 号、转字第 2 号，等等。

四、实验资料

新华责任有限公司（开户银行：工商银行武昌街支行，简称武昌办，账号：17 - 36540000369785412，地址：江城市武昌街 1 号，税务登记号：140102620102026F，2017 年 12 月发生如下经济业务。

新华责任有限公司 2017 年 12 月 1 日～12 月 31 日发生的经济业务。

1. 1 日，财务科出纳员刘莉开出 1 000 元现金支票一张，从银行提取现金，以备零用。

业务 1

中国工商银行(鄂
现金支票存根)
Ⅵ Ⅵ 00737208
科　　目＿＿＿＿＿＿＿
对方科目＿＿＿＿＿＿＿
出票日期 2×17 年 12 月 1 日

| 收款人:刘莉 |
| 金　额:1 000.00 |
| 用　途:备用金 |

单位主管　[李龙]　会计　[李丽]

2. 1日,供销科王明峰因采购材料到北京出差,经供销科科长王露批准,填写"借款单"向财务科预借现金 **2 000** 元。

业务 2

借　款　单
2×17 年 12 月 1 日

部　门	姓　名	借款金额	批准金额	备　注
供销科	王明峰	2 000.00	2 000.00	

借款金额(大写)×万贰仟零佰零拾零元零角零分

借款理由	去北京采购材料	归还时间		现金付讫

批准人　王虎城　　审核　韩敏　　借款人单位负责人　王露　　经办人　王明峰

3. 1日,收到本市光明有限责任公司前欠的货款 **4 000** 元。收到转账支票一张并填写"进账单"转存银行。

业务3

银行进账单 No.00575478

2×17 年 12 月 1 日

收款人	全　　称	新华有限责任公司											
	账　　号	123456											
	开户银行	工行武昌办											
人民币合　计		亿	千	百	十	万	千	百	十	元	角	分	
						¥	4	0	0	0	0	0	
序号	付款人名称或账号			金　额									
	光明有限责任公司			4 000.00									

十印(2011)　85760715

银 行 进 账 单 （送票／回执）1　No. 00575478

2×17年12月1日

收款人	全　　称	新华有限责任公司	票据种类	转账支票										
	账　　号	123456	票据张数	1										
	开户银行	工行武昌办	附件张数											
合计金额	人民币（大写）肆仟元正			亿	千	百	十	万	千	百	十	元	角	分
								¥	4	0	0	0	0	0
序号	付款人名称或账号	凭证号码	金　额										
			亿	千	百	十	万	千	百	十	元	角	分
	光明有限责任公司							¥	4	0	0	0	0	0

（银行盖章）

此联由受理银行作送交票据人的回单,不能作为提货发货的依据。

4. 2日,向本市光明有限责任公司销售甲产品200件,单价400元,乙产品200件,单价300元。货款暂未收到。

业务 4-1

湖北增值税专用发票

发票代码:024001666666
发票号码:27833456
开票日期:2×17 年 12 月 2 日
校验码:36985 27418 52963

机器编号:258963147852

购买方	名　　称:光明有限责任公司 纳税人识别号:11420036985214785D 地址、电话:江城市新建路 38 号 开户行及账号:工行新建支行 38679260000036978541200000369785412	密码区	8/// * 625—＋〈8824 * /76〉093 * * 03 ＋9〈〉56343〈4117—〈65〈1047/5—〉 07 * 78＋—4〉03 * 49〈5824—〈56—401 * /8〉＋— * 〉5〈463〈4192＋ * 69＋79〈3
货物或应税劳务、服务名称	规格型号	单位	数量	单价	金额	税率	税额
甲产品		件	200	400	80 000.00	16%	12 800.00
乙产品		件	200	300	60 000.00	16%	9 600.00
合　　计					¥140 000.00		¥22 200.00
价税合计(大写)	⊗壹拾陆万贰仟肆佰元整				(小写)¥162 400.00		
销售方	名　　称:新华责任有限公司 纳税人识别号:140102620102026F 地　址、电　话:江城市武昌街 1 号 开户行及账号:工行武昌街支行 17-36540000369785412	备注	销售合同号:362514789

第三联　销售方记账联

收款人:　　　复核:　　　开票人:司马刚　　　销售方(章)

业务 4-2

出库单 （财务联）

2×17 年 12 月 2 日　　　　　　　　　　　第 12002 号

品　名	计量单位	数量	单价	金　额								用途或原因
				十	万	千	百	十	元	角	分	
甲产品	件	200	400		8	0	0	0	0	0	0	销售
乙产品	件	200	300		6	0	0	0	0	0	0	
合　计				1	4	0	0	0	0	0	0	

会计主管：李 龙　　　　　　会计： 李 丽

5. 2 日,收到耀华有限责任公司偿还前欠的货款 12 000 元。

业务 5

中国工商银行信汇凭证（收款通知 或取款收据）4

第　号

汇款单位编号：3901　　　　委托日期 2×17 年 11 月 28 日　　应解汇款编号：

收款单位	全　称	新华有限责任公司	汇款单位	全　称	耀华有限责任公司	
	地址、账号	江城市武昌街 1 号,123456		地址、账号	滨河路 26 号,428796	
	汇入地点	湖北省江城市市	汇入行名称	工行武昌办	汇出单位	汇出地点	湖北省大冶市	汇出行名称	工行河办

金额	人民币（大写）	壹万贰仟元整	千	百	十	万	千	百	十	元	角	分
						¥ 1	2	0	0	0	0	0

汇款用途：支付货款

留行待取预留 收款人印鉴转账支票

上列款项已代进账,如有错误,请持此联来面洽。 此致 （开户单位） （汇入行盖章） 2×17 年 12 月 2 日

上列款项已照收无误 （收款人盖章） 2×17 年 12 月 2 日

科目(付) 对方科目(收) 汇入行解汇日期　年　月　日 复核员 记账员

此联是给收款单位的收款通知或代取款收据

6. 3 日,向本市红星责任有限公司购进 A 材料 200 千克,单价 90 元,B 材料 400 千克,单价 75 元,增值税专用发票注明的进项税额 7 680 元。材料已验收入库,货款开出转账支票支付。

业务 6-1

湖北增值税专用发票

发票代码:024001555555
发票号码:66666666
开票日期:2×17 年 12 月 03 日
校 验 码:24985 25418 56863

机器编号:147253147852

购买方	名 称:新华责任有限公司 纳税人识别号:140102620102026F 地址、电话:江城市武昌街 1 号 开户行及账号:工行武昌街支行 17-36540000369785412					密码区	9/// ＊456—＋〈8824 ＊/76〉093 ＊＊03 ＋9〈〉56343〈4117—〈65〈1047/5—〉 07＊78＋—4〉03＊49〈5824—〈56—401 ＊/8〉＋—＊5〈463〈4192＋＊69＋79〈3	
货物或应税劳务、服务名称	规格型号	单位	数量	单价	金额		税率	税额
A 材料		千克	200	90	18 000.00		16％	2 880.00
B 材料		千克	400	75	30 000.00		16％	4 800.00
合 计					￥48 000.00			￥7 680.00
价税合计(大写)	⊗伍万伍仟陆佰捌拾元整						(小写)￥55 680.00	
销售方	名 称:红星有限责任公司 纳税人识别号:11420036258963785J 地址、电话:江城市泰山路 93 号 开户行及账号:工行泰山支行 35795160000369785247					备注	销售合同号:159632478	

收款人:陈天华　　　　复核:　　　　开票人:刘心如　　销售方(章)

业务 6-2

湖北省增值税专用发票

发票代码:024001555555
发票号码:66666666
开票日期:2017 年 12 月 03 日
校 验 码:24985 25418 56863

机器编号:147253147852

购买方	名 称:新华责任有限公司 纳税人识别号:140102620102026F 地址、电话:江城市武昌街 1 号 开户行及账号:工行武昌街支行 17-36540000369785412					密码区	9/// ＊456—＋〈8824 ＊/76〉093 ＊＊03 ＋9〈〉56343〈4117—〈65〈1047/5—〉 07＊78＋—4〉03＊49〈5824—〈56—401 ＊/8〉＋—＊5〈463〈4192＋＊69＋79〈3	
货物或应税劳务、服务名称	规格型号	单位	数量	单价	金额		税率	税额
A 材料		千克	200	90	18 000.00		16％	2 880.00
B 材料		千克	400	75	30 000.00		16％	4 800.00
合 计					￥48 000.00			￥7 680.00
价税合计(大写)	⊗伍万伍仟陆佰捌拾元整						(小写)￥55 680.00	
销售方	名 称:红星有限责任公司 纳税人识别号:11420036258963785J 地址、电话:江城市泰山路 93 号 开户行及账号:工行泰山支行 35795160000369785247					备注	销售合同号:159632478	

收款人:陈天华　　　　复核:　　　　开票人:刘心如　　销售方(章)

业务 6-3

中国工商银行（鄂
转账支票存根）
Ⅵ Ⅵ 00737209

科　　　目_____
对方科目_____
出票日期 2×17 年 12 月 3 日

| 收款人:红星责任有限公司 |
| 金　　额:55 680.00 |
| 用　　途:材料款 |

单位主管　李龙　会计　李丽

业务 6-4

收 料 单

单位:红星责任有限公司　　　　2×17 年 12 月 3 日　　　　No:9653801

编　号	名称及规格	单　位	数　量	单　价	金　额
	A 材料	千克	200	90	18 000.00
	B 材料	千克	400	75	30 000.00
合　计					￥48 000.00

记账　　　　　　　　　　验收　李阳　　　　　　　　　制单　张妮

二　财务联

　　7. 3 日,加工车间生产甲产品领用 A 材料 800 千克,单价 90 元;B 材料 1 300 千克,单价 75 元。生产乙产品领用 A 材料 500 千克,B 材料 600 千克,单价同前。

业务 7

领 料 单

领料:陈达　　部门:加工车间　　　　2×17 年 12 月 3 日　　　　编号:7326439

材料编号	材料名称	计量单位	数量	单价	金　额									发料仓库
					千	百	十	万	千	百	十	元	角	分	
	A 材料	千克	500	90				4	5	0	0	0	0	0	3
	B 材料	千克	600	75				4	5	0	0	0	0	0	3
合　计						￥	9	0	0	0	0	0	0		

部门主管　马虎　　　领料　陈达　张海　　　发料　李晓红　洪峰　　　制单　张妮

二　财务联

业务 7-1

领 料 单

领料:陈达　单位:加工车间　　2×17 年 12 月 3 日　　编号:7326440

用途:加工甲产品

材料编号	材料名称	计量单位	数量	单价	金额										发料 李晓红仓库
					千	百	十	万	千	百	十	元	角	分	
	A 材料	千克	800	90			7	2	0	0	0	0	0	0	3
	B 材料	千克	1 300	75			9	7	5	0	0	0	0	0	3
合计					¥	1	6	9	5	0	0	0	0	0	

部门主管 马虎　　领料 陈达 张海　　发料 李晓红 洪峰　　制单 张妮

二 财务联

8. 4 日,企业行政部门向江城市新化百货商场购买办公用品,部门直接领用。

业务 8-1

发票代码:888888888888
发票号码:66666666
开票日期:2017 年 12 月 04 日
校验码:23654 25418 85214

湖北省增值税普通发票

机器编号:1248573147852

购买方	名　　称:新华责任有限公司 纳税人识别号:140102620102026F 地址、电话:江城市武昌街 1 号 开户行及账号:工行武昌街支行 17 - 36540000369785412	密码区	9/// ＊456—＋〈8824 ＊/76〉093 ＊＊03 ＋9〈56343〈4117—〈65〈1047/5—〉 07 ＊78＋—4)03 ＊49〈5824—〈56—401 ＊/8〉＋—＊〉5〈463〈4192＋＊69＋79〈3

货物或应税劳务、服务名称	规格型号	单位	数量	单价	金额	税率	税额
办公用品					500.00	16%	80.00
合　　计					¥500.00		¥80.00

价税合计(大写)	⊗伍佰捌拾元整	(小写)¥580.00

销售方	名　　称:江城市新化百货商场 纳税人识别号:11420010478523695G 地址、电话:江城市一元路 193 号 开户行及账号:工行一元路支行 3654785000036978785	备注	

收款人:李明　　复核:　　开票人:王林　　销售方(章)

第一联 购货方 记账联

业务 8-2

中国工商银行 (鄂)
转账支票存根
Ⅵ Ⅵ 00737210

科　　目＿＿＿＿＿＿＿＿
对方科目＿＿＿＿＿＿＿＿
出票日期 2×17 年 12 月 4 日

收款人:江城市百货商场

金　额:580.00

用　途:办公用品

单位主管　李龙　会计　李丽

9. 4 日,预付明年上半年报刊费 1 200 元,开出转账支票付出。江城市邮政报刊收据一张 (江城快报 4 份,单价 200 元,金额 800 元,《企业管理》杂志 5 份,金额 400 元。记入当期费用)。

业务 9-1

中国人民邮政报刊收据

单位:新华有限责任公司　　　　　2×17 年 12 月 4 日　　　　　No.

报刊种类	附件(订阅单)		份　数	金　额								
	起止日期			百	十	万	千	百	十	元	角	分
江城快报	2×17 年上半年		4					8	0	0	0	0
《企业管理》杂志	2×17 年上半年		5					4	0	0	0	0
合计人民币(大写)壹仟贰佰元整						￥1 200.00						

注:收据数字如有涂改或未盖收款章无效。　　　　　经手:刘　新

业务 9-2

中国工商银行 (鄂)
转账支票存根
Ⅵ Ⅵ 00737211

科　　目＿＿＿＿＿＿＿＿
对方科目＿＿＿＿＿＿＿＿
出票日期 2×17 年 12 月 4 日

收款人:江城邮政

金　额:1 200.00

用　途:预定报刊

单位主管　李龙　会计　李丽

10. 5 日,用现金向大方邮政局购买邮票 20 张,共 200 元。

业务 10

购买邮票证明单收据

单位名称：　新华责任有限公司

款额(大写)：贰佰元整　　　　　￥　200.00　　（财务专用章）

2×17 年 12 月 5 日　　　　　江城邮政局、所

11. 6 日,开出信汇凭证偿还前欠吉安责任有限公司的货款 12 000 元。

业务 11

中国工商银行信汇凭证(回单)　　1

委托日期 2016 年 11 月 28 日　　　　　　　　　　第 109 号

	全　称	吉安责任有限公司		汇	全　称	新华责任有限公司										此
收款人	账　号	13265425698741763598		款单位	账　号	17 - 36540000369785412										联是汇出行给汇款人的回单
	汇入地点	湖北省黄安市(县)	汇入行名称 工行吉安支行		汇入地点	湖北省江城市(县)	汇出行名称 工行武昌街支行									
金额	人民币(大写)	壹万贰仟元整				千	百	十	万	千	百	十	元	角	分	
								￥	1	2	0	0	0	0	0	

汇款用途:偿还前欠货款

上列款项已根据委托办理,如须查询,请持此回单来行面洽　　　　(汇出行盖章)

单位主管　赵进　会计　复核　记账　王迅　　　　2×17 年 12 月 6 日

12. 7 日,加工车间生产甲产品领用 A 材料 500 千克,单价 90 元;B 材料 600 千克,单价 75 元。

业务 12

领　料　单

领料:陈达　　部门:加工车间　　　　2×17 年 12 月 7 日　　　　　　编号:34650

材料种类	材料编号	材料名称	规格	计量单位	数量		单价	金　额								发料李晓红仓库	
					请领	实发		十	万	千	百	十	元	角	分		二
材料已发		A 材料		千克	500	500	90		4	5	0	0	0	0	0	3	财务部门
		B 材料		千克	600	600	75		4	5	0	0	0	0	0	3	
							￥	9	0	0	0	0	0	0	0		

部门主管　领料　陈达　张刚　　　发料　李晓红　李沧　　　制单　张妮　李沧

13. 7 日,供销科王明峰出差归来报销差旅费 2 070 元。

业务 13

差 旅 费 报 销 单

报销部门　供销科

填报日期　2×17 年 12 月 07 日

| 姓名 | 王明峰 | 职别 | | 采购员 | 出差事由 | | 采购材料 | | |

出差起点日期自　2×17 年 11 月 26 日起至　2×17 年 11 月 29 日止　共4 天附单据　5　张

日期		起讫地点	天数	机票费	车船费	市内交通费	住宿费	出差补贴	住宿节约补贴	其他	小计
月	日										
11	26	江城市-北京市			420	66	564	600			1 650
12	29	北京市-江城			420						420
		合计		—	840	66	564	600		—	2 070

总计金额(大写)⊗万贰仟零佰柒拾零元零角零分　预支　2 000 元　长退(短补)70 元

负责人　　　会计　　　审核　　　部门主管　李龙　　　出差人　王明峰

原始单据粘贴单

说明:
1. 粘贴原始单据时从右到左,先粘贴小张的再粘贴大张的。
2. 将原始单据大小相同、票面金额相同的粘在一起。
3. 薄纸型的原始单据只粘贴左方的票头,以粘贴牢固为妥。
4. 本粘贴单说明文字处可以被原始单据粘贴覆盖。
5. 本粘贴单的右侧具有分票据类型进行统计的功能,方便粘贴人和审核人。

单据类别:火车票
单据张数:2
单据金额:840 元

单据类别:市内交通
单据张数:2
单据金额:66 元

单据类别:出差补贴
单据张数:
单据金额:600 元

单据类别:住宿费
单据张数:1
单据金额:564 元

(附件 5 张略)

14. 8 日,向耀华有限责任公司销售甲产品 175 件,单价 400 元,乙产品 100 件,单价 300 元,增值税 16 000 元,货已发出并已办妥委托银行收款手续,以转账支票一张垫付大冶货站铁路运杂费 600 元。

业务 14-1

委托收款凭证（回单） 1

委托日期　　2×17 年 12 月 8 日

委 邮

委收号码
第　号

收款人	全　称	新华有限责任公司			汇款单位	全　称	耀华有限责任公司
	账　号	17-36540000369785412				账　号	163214785436952478
	开户银行	工行武昌街营业部	行号	55		开户银行	工行花街营业部

委收金额	人民币（大写）	壹拾壹万陆仟陆佰元整	千	百	十	万	千	百	十	元	角	分
				¥	1	1	6	6	0	0	0	0

款项内容	销售货款		附寄单证张数	4
备注：		款项收妥日期　　年　月　日	收款人开户行盖章	

单位主管：　　　　　会计　　　　　复核　　　　　记账

此联收款人开户行给收款人的回单

业务 14-2

湖北省增值税专用发票

发票代码：024001666666
发票号码：27833456
开票日期：2017 年 12 月 02 日
校验码：36985 27418 52963

机器编号：456863147852

购买方	名　称：耀华有限责任公司 纳税人识别号：140102623849570P 地址、电话：大江市花城路 8 号 开户行及账号：工行花街营业部18632145690369785412	密码区	8/// ＊625－＋〈8824 ＊/76〉093 ＊＊03 ＋9〈〉56343〈4117－〈65〈1047/5－〉 07 ＊78＋－4〉03 ＊49〈5824－〈56－401 ＊/8〉＋－＊〉5〈463〈4192＋＊69＋79〈3

货物或应税劳务、服务名称	规格型号	单位	数量	单价	金额	税率	税额
甲产品		件	175	400	70 000.00	16%	11 200.00
乙产品		件	100	300	30 000.00	16%	4 800.00
合　计					¥100 000.00		¥16 000.00

价税合计（大写）	⊗壹拾壹万陆仟元整	（小写）¥116 000.00

销售方	名　称：新华责任有限公司 纳税人识别号：140102620102026F 地址、电话：江城市武昌街 1 号 开户行及账号：工行武昌街支行 17-36540000369785412	备注	销售合同号：362514710

收款人：　　　　复核：　　　　开票人：司马刚　　　　销售方（章）

第三联 销售方 记账联

业务 14－3

中国工商银行(鄂
转账支票存根)
Ⅵ Ⅵ 00737212

科　目＿＿＿＿＿＿
对方科目＿＿＿＿＿＿
出票日期 2×17 年 12 月 8 日

收款人:大冶站货场
金　额:600.00
用　途:货场仓储费

单位主管　李龙　会计　李丽

业务 14－4

出 库 单 （财务联）

2×17 年 12 月 8 日　　　　　　　　　　　　第　12002 号

品　名	单位	数量	单价	金　额								用途或原因
				十	万	千	百	十	元	角	分	
甲产品	千克	175	400		7	0	0	0	0	0	0	销售
乙产品	千克	100	300		3	0	0	0	0	0	0	
				1	0	0	0	0	0	0	0	销售出库

主管　　　　　会计　　　　　保管员　　　　　经手人

附件　张

15. 9 日,加工车间领用 C 材料 500 千克,单价 20 元,计 10 000 元,用于生产甲产品(计划产量 2 000 件,每件 C 材料消耗定额 1.5 千克)。

业务 15

限 额 领 料 单

2×17 年 12 月份

领料:陈达　单位:加工车间　　　领料:陈达　用途:生产　甲产品　　　　＿＿＿仓库限发字＿＿＿号

材料类别	材料编号	材料名称	规格	计量单位	全月限额数	全月领用数	单价	金额
	024	C 材料	(略)	千克	3 000	500	20	10 000

供应＿＿＿甲＿＿＿　生产计划科长＿＿＿印＿＿＿

领料记录	月	日	请领数	实发数	发料人	领料人	月	日	请领数	实发数	发料人	领料人
	12	9	500	500	(印)	(印)					(印)	(印)
				(印)	(印)							

核算〔印〕　　　　　仓库主管:张丹　　　　　发　料　李晓莉

二　财务联

16. 9 日,用银行存款支付永宏装修公司对厂部办公楼的修理费 1 200 元。

业务 16－1

中国工商银行(鄂
转账支票存根)
Ⅵ Ⅵ 00737213

科　　　目_____

对方科目_____

出票日期 2×17 年 12 月 9 日

| 收款人:永宏装修公司 |
| 金　　额:1 200.00 |
| 用　　途:办公楼修理费 |

单位主管　李龙　会计　李莉

业务 16－2

发票代码:024001555555
发票号码:66666666
开票日期:2017 年 12 月 09 日
校验码:24985 25418 56863

湖北省增值税普通发票

机器编号:365427147852

购买方	名　　　称:新华有限责任公司 纳税人识别号:140102620102026F 地 址、电话:江城市武昌街 1 号 开户行及账号:工行武昌街支行 17－36540000369785412	密码区	9/// ＊456－＋〈8824 ＊/76〉093 ＊ 03 ＋9〈＞56343＜4117－〈65〈1047/5－〉 07 ＊78＋－4〉03 ＊49〈5824－〈56－401 ＊ /8〉＋－ ＊〉5〈463〈4192＋ ＊69＋79〈3

货物或应税劳务、服务名称	规格型号	单位	数量	单价	金额	税率	税额
装修服务费					1 165.05	3%	34.95
合　　计					￥1 165.05		￥34.95

价税合计(大写)	⊗壹仟贰佰元整　　　　　(小写)￥1 200.00

销售方	名　　　称:永宏装修公司 纳税人识别号: 地址、电话:江城市一元路 53 号 开户行及账号:工行一元支行 357489546321568426	备注

收款人:王华　　　　　　复核:　　　　　　开票人:刘连　　　　　销售方(章)

17. 9 日,向吉安责任有限公司购进 A 材料 2 000 千克,90 元/千克;B 材料 1 000 千克,75 元/千克,已验收入库,收到委托收款凭证(付款通知),同意付款。

业务 17-1

发票代码:024001555555
发票号码:66666666
开票日期:2017 年 12 月 09 日
校 验 码:24985 25418 56863

湖北省增值税专用发票

机器编号:147253654789

	名　　　　称:新华责任有限公司					密	9/// ＊456—＋〈8824＊/76〉093＊＊03
购买方	纳税人识别号:140102620102026F					码	＋9〈〉56343〈4117—〈65〈1047/5—〉
	地 址、电话:江城市武昌街 1 号					区	07＊78＋—4〉03＊49〈5824—〈56—401
	开户行及账号:工行武昌街支行 17-36540000369785412						＊/8〉＋—＊5〈463〈4192＋＊69＋79〈3

货物或应税劳务、服务名称	规格型号	单位	数量	单价	金额	税率	税额
A 材料		千克	2 000	90	180 000.00	16%	28 800.00
B 材料		千克	1 000	75	75 000.00	16%	12 000.00
合　　计					￥255 000.00		￥40 800.00

价税合计(大写)	⊗贰拾玖万伍仟捌佰元整	(小写)￥295 800.00

	名　　　　称:吉安责任有限公司		备	销售合同号:362549871
销售方	纳税人识别号:260306101012345KK		注	
	地址、电话:安吉市吉安路 46 号			
	开户行及账号:工行吉安支行 13265425698741763598			

收款人:李小平　　　　复核:　　　　开票人:杨晓冬　　　　销售方(章)

第一联　购货方　记账联

业务 17-2

发票代码:024001555555
发票号码:66666666
开票日期:2017 年 12 月 09 日
校 验 码:24985 25418 56863

湖北省增值税专用发票

机器编号:147253654789

	名　　　　称:新华责任有限公司					密	9/// ＊456—＋〈8824＊/76〉093＊＊03
购买方	纳税人识别号:140102620102026F					码	＋9〈〉56343〈4117—〈65〈1047/5—〉
	地 址、电话:江城市武昌街 1 号					区	07＊78＋—4〉03＊49〈5824—〈56—401
	开户行及账号:工行武昌街支行 17-36540000369785412						＊/8〉＋—＊5〈463〈4192＋＊69＋79〈3

货物或应税劳务、服务名称	规格型号	单位	数量	单价	金额	税率	税额
A 材料		千克	2 000	90	180 000.00	16%	28 800.00
B 材料		千克	1 000	75	75 000.00	16%	12 000.00
合　　计					￥255 000.00		￥40 800.00

价税合计(大写)	⊗贰拾玖万伍仟捌佰元整	(小写)￥295 800.00

	名　　　　称:吉安责任有限公司		备	销售合同号:362549871
销售方	纳税人识别号:260306101012345KK		注	
	地址、电话:安吉市吉安路 46 号			
	开户行及账号:工行吉安支行 13265425698741763598			

收款人:李小平　　　　复核:　　　　开票人:杨晓冬　　　　销售方(章)

第二联　抵扣联　购货方抵扣凭证

业务 17－3

委托收款凭证(付款通知) 1   委收号码第 3210 号

委托日期 2×17 年 12 月 9 日   付款期限 2×17 年 12 月 9 日

付款人	全　称	新华有限责任公司		收款人	全　称	吉安责任有限公司									
	账　号	123456			账　号	3973514									
	开户银行	工行武昌办	行号 55		开户银行	工行光办									
委收金额	人民币(大写)	贰拾玖万伍仟捌佰元整				千	百	十	万	千	百	十	元	角	分
							¥	2	9	5	8	0	0	0	0
款项内容	材料货款	委托收款凭据				附寄单证张数									
备注：		款项收妥日期 2×17 年 12 月 9 日				收款人开户行盖章									

单位主管：　会计　　复核　　记账

业务 17－4

收 料 单   编号 9018

单位:吉安有限责任公司   2×17 年 12 月 9 日   发票号数300120

编号	名称及规格	单位	数量	单价	金　额
	A 材料	千克	2 000	90	180 000
	B 材料		1 000	75	75 000
	合　计				255 000

记账　　　　　　　验收　李阳　　　　　制单　张妮

18. 10 日,加工车间领用 C 材料 1 000 千克,单价 20 元,计 20 000 元,用于生产甲产品。

业务 18

限 额 领 料 单   用途:生产甲产品

领料:陈达　　部门:加工车间   2×17 年 12 月 10 日   3 仓库限发字 2 号

材料类别	材料编号	材料名称	规格	计量单位	全月限额数	全月领用数	单价	金额
	024	C 材料	(略)	千克	3 000	1 500	20	30 000

供应___印___   生产计划科长___印___   材料已发

领料陈达记录	月	日	请领数	实发数	发料人	领料人	月	日	请领数	实发数	发料人	领料人
	12	9	500	500	李晓红	陈达					李晓红	陈达
	12	10	1 000	1 000	李晓红	陈达						

核算 〔印〕　　　　　仓库主管 〔印〕　　　　　发 料 〔印〕

19. 10 日,上月向本市光明有限责任公司销售产品的货款 **9 000** 元,收到转账支票一张,已送存银行。

业务 19

中国工商银行进账单(收账通知)

2×17 年 12 月 10 日

<table>
<tr><td rowspan="3">收款人</td><td>全 称</td><td>新华责任有限公司</td><td rowspan="3">付款人</td><td>全 称</td><td colspan="9">光明有限责任公司</td><td rowspan="5">此联的是收账通知人知开户行不作为提交给货收依据</td></tr>
<tr><td>账 号</td><td>17－36540000369785412</td><td>账 号</td><td colspan="9">38679260000369785412</td></tr>
<tr><td>开户银行</td><td>工行武昌街支行</td><td>开户银行</td><td colspan="9">工行新建支行</td></tr>
<tr><td colspan="2">人民币
(大写)</td><td>玖仟元整</td><td>千</td><td>百</td><td>十</td><td>万</td><td>千</td><td>百</td><td>十</td><td>元</td><td>角</td><td>分</td></tr>
<tr><td>票据种类</td><td>转账支票</td><td rowspan="3" colspan="2">工行武昌街支行
2017.12.10
收款人开户行盖章
收讫</td><td></td><td></td><td></td><td>¥</td><td>9</td><td>0</td><td>0</td><td>0</td><td>0</td><td>0</td></tr>
<tr><td>票据张数</td><td>1</td><td colspan="10"></td></tr>
<tr><td colspan="2">单位主管 刘柳 会计 陈芳 复核 记账</td><td colspan="10"></td></tr>
</table>

20. 10 日,用银行存款归还前欠本市红星责任有限公司的材料款 **35 000** 元。

业务 20

中国工商银行(鄂
转账支票存根)
Ⅵ Ⅵ 00737214

科 目 ＿＿＿＿＿＿
对方科目 ＿＿＿＿＿＿
出票日期 2017 年 12 月 10 日

收款人:红星责任有限公司
金 额:35 000.00
用 途:偿还材料款

单位主管 李龙 会计 李莉

21. 11 日,向本市光明有限责任公司销售甲产品 100 件,单价 400 元;乙产品 200 件,单价 300 元,货已被提走,货款收到转账支票一张已送存银行。

业务 21-1

工商银行湖北省分行　进账单　（收账通知）　3

2×17 年 12 月 11 日

出票人	全　　称	光明有限责任公司	收款人	全　　称	新华责任有限公司										
	账　　号	38679260000369785412		账　　号	17-36540000369785412										
	开户银行	工行新建支行		开户银行	工行武昌街支行										

金额	人民币（大写）	壹拾壹万陆仟元整	亿	千	百	十	万	千	百	十	元	角	分
					¥	1	1	6	0	0	0	0	0

票据种类	转账支票	票据张数	1
票据号码			

开户银行盖章

此联是收款人开户银行交给收款人的收账通知

业务 21-2

发票代码:024001666666
发票号码:27833456
开票日期:2017 年 12 月 11 日
校 验 码:36985 27418 52963

湖北省增值税专用发票

机器编号:258963147852

购买方	名　　　　　称:光明有限责任公司 纳税人识别号:11420036985214785D 地址、电话:江城市新建路 38 号 开户行及账号:工行新建支行 38679260000369785412	密码区	6///＊625－＋〈8824＊/76〉093＊＊03 ＋9〉56343〈4117－〈65〈1047/5－〉 07＊78＋－4〉03＊49〈5824－〈56－401 ＊/8〉＋－＊〉5〈463〈4192＋＊69＋79〈3

货物或应税劳务、服务名称	规格型号	单位	数量	单价	金额	税率	税额
甲产品		件	100	400	40 000.00	16%	6 400.00
乙产品		件	200	300	60 000.00	16%	9 600.00
合　　计					¥100 000.00		¥16 000.00

价税合计(大写)	⊗壹拾壹万陆仟元整	(小写)¥116 000.00

销售方	名　　　　　称:新华有限责任公司 纳税人识别号:140102620102026F 地址、电话:江城市武昌街 1 号 开户行及账号:工行武昌街支行 17-36540000369785412	备注	销售合同号:362514711

收款人:　　　　　复核:　　　　　开票人:司马刚　　　　　销售方(章)

22. 12 日,收到银行转来"委托银行收款结算凭证(付款通知)",已从银行付江城市电信局电话费等 720 元。

业务 22

委托收款凭证（付款通知）　　1　　委收号码第　　号

委邮

委托日期　2×17 年 12 月 11 日　　付款期限 2×17 年 12 月 12 日

此联付款人开户行给付款人的付款通知

收款人	全　称	江城市电信局		付款人	全　称	新华责任有限公司
	账　号	2983743857			账　号	17－36540000369785412
	开户银行	红旗路 1 号	行号		开户银行	工行武昌街支行

委收金额	人民币（大写）	柒佰贰拾元整	千	百	十	万	千	百	十	元	角	分
							￥	7	2	0	0	0

款项内容	电话费等 委托收款凭据	1	附寄单证张数	3

备注：	款项收妥日期 2×17 年 12 月 12 日	收款人开户行盖章

单位主管：　　会计　　复核　　记账　　付款人开户行收到日期 2×17 年 12 月 12 日

23. 13 日，开出转账支票支付打字社资料印刷费 848 元。

业务 23－1

发票代码：024001555555

湖北省增值税普通发票

发票号码：66666666

开票日期：2017 年 12 月 13 日

校验码：35426 25418 56852

机器编号：458253147852

购买方	名　　称：新华有限责任公司 纳税人识别号：140102620102026F 地址、电话：江城市武昌街 1 号 开户行及账号：工行武昌街支行 17－36540000369785412	密码区	7/// ＊456－＋〈8824 ＊/76〉093 ＊ ＊03 ＋9〈〉56343〈4117－〈65〈1047/5－〉 07 ＊78＋－4〉03 ＊49〈5824－〈56－401 ＊/8〉＋－ ＊〉5〈463〈4192＋ ＊69＋79〈3

货物或应税劳务、服务名称	规格型号	单位	数量	单价	金额	税率	税额
打印		张	1 000	0.5	500.00	6％	30.00
装订		本	20	15	300.00	6％	18.00
合　计					￥800.00		￥48.00

价税合计（大写）	⊗捌佰肆拾捌元整	（小写）￥848.00

销售方	名　　称：信达印务社 纳税人识别号： 地址、电话：江城市武昌街 19 号 开户行及账号：工行青田路支行 862145369785214756	备注	

收款人：陈小林　　　复核：　　　开票人：　　　销售方（章）

业务 23－2

```
        中国工商银行 (鄂)
        转账支票存根
        Ⅵ Ⅵ 00737210
科    目_____
对方科目_____
出票日期 2×17 年 12 月 13 日
┌─────────────────────┐
│ 收款人：达信印务社        │
│ 金    额：848.00        │
│ 用    途：印刷资料        │
└─────────────────────┘
单位主管    会计
```

24．14 日，收回前向本市光明有限责任公司销售产品的货款 **163 800** 元，收到转账支票一张已送存银行，收到进账单回单。

业务 24

中国工商银行进账单（收账通知）
2×17 年 12 月 10 日

收款人	全　称	新华责任有限公司	付款人	全　称	光明有限责任公司
	账　号	17－36540000369785412		账　号	38679260000369785412
	开户银行	工行武昌街支行		开户银行	工行新建支行

人民币（大写）	壹拾陆万叁仟捌佰元整	千	百	十	万	千	百	十	元	角	分
			¥	1	6	3	8	0	0	0	0

票据种类	转账支票
票据张数	1

中国工商银行武昌街支行　2017.12.14　收款人开户行盖章

单位主管　　会计　　复核　　记账

25．14 日，收到银行入账通知单，通知对方已付清全部票据款项。

业务 25

<h1>托收凭证(_{收款通知}汇款依据或)</h1>

委托日期 2×17 年 12 月 9 日 　　付款期限 2×17 年 12 月 14 日

业务类型		委托收款(□邮划 ✓电划)　　托收承付(□邮划□电划)																
付款人	全称	耀华有限责任公司				收款人	全称	新华有限责任公司										
	账号	982723647456321596					账号	17－36540000369785412										
	地址	河南省郑州 市县	开户行	建行			地址	湖北省江城 市县	开户行	工行								
金额	人民币(大写)	柒万零贰佰元整						千	百	十	万	千	百	十	元	角	分	
										￥	7	0	2	0	0	0	0
款项内容		销售甲产品	委托凭证名　称		电划			附寄单证张数		2								
商品发运情况			已发运			合同名称号码		324561001										
备注：复核　　记账				上列款项已经收回入你方账户 收款人开户银行签章 2×17 年 12 月 14 日														

此联付款方开户银行凭以汇款或收款人开户银行作收账通知

26. 14 日,向本市光明有限责任公司销售甲产品 100 件,单价 400 元;乙产品 100 件,单价 300 元,货已发出。增值税税率为 17%,货款暂欠。

业务 26

<h1>湖北省增值税专用发票</h1>

发票代码:024001666666
发票号码:27833456
开票日期:2017 年 12 月 14 日
校 验 码:36985 27418 52963

机器编号:364563147852

购买方	名　　　称:光明有限责任公司 纳税人识别号:11420036985214785D 地址、电话:江城市新建路 38 号 开户行及账号:工行新建支行 38679260000369785412					密码区	8/// * 625—＋〈8824 * /76〉093 * * 03 ＋9〉56343〈4117—〈65〈1047/5—〉 07 * 78＋—4)03 * 49〈5824—〈56—401 * /8〉＋— * 〉5〈463〈4192＋ * 69＋79〈3	
货物或应税劳务、服务名称	规格型号	单位	数量	单价	金额	税率	税额	
甲产品 乙产品 合　　计		件 件	100 100	400 300	40 000.00 30 000.00 ￥70 000.00	16% 16%	6 400.00 4 800.00 ￥11 200.00	
价税合计(大写)		⊗捌万壹仟贰佰元整			(小写)￥81 200.00			
销售方	名　　　称:新华有限责任公司 纳税人识别号:140102620102026F 地址、电话:江城市武昌街 1 号 开户行及账号:工行武昌街支行 17－36540000369785412					备注	销售合同号:362514711	

收款人:　　　复核:　　　开票人:司马刚　　　销售方(章)

27. 14日,向外地吉安责任有限公司购进A材料1 500千克,单价88元,B材料1 000千克,单价73元,增值税率17%。料已验收入库,料款暂欠。

业务27-1

发票代码:024001555555

发票号码:66666666

开票日期:2017年12月09日

校验码:24985 25418 56863

湖北省增值税专用发票

机器编号:147253654789

购买方	名　　　　称:新华责任有限公司 纳税人识别号:140102620102026F 地址、电话:江城市武昌街1号 开户行及账号:工行武昌街支行17-36540000369785412					密码区	9///＊456—＋〈8824＊/76〉093＊＊03 ＋9〈〉56343〈4117—〈65〈1047/5—〉 07＊78＋—4〉03＊49〈5824—〈56—401 ＊/8〉＋—＊〉5〈463〈4192＋＊69＋79〈3	
货物或应税劳务、服务名称	规格型号	单位	数量	单价	金额		税率	税额
A材料		千克	1 500	88	132 000.00		16%	21 120.00
B材料		千克	1 000	73	73 000.00		16%	11 680.00
合　　计					￥205 000.00			￥32 800.00
价税合计(大写)	⊗贰拾叁万柒仟捌佰元整				(小写)￥237 800.00			
销售方	名　　　　称:吉安责任有限公司 纳税人识别号:260306101012345KK 地址、电话:安吉市吉安路46号 开户行及账号:工行吉安支行13265425698741763598					备注	销售合同号:362549871 260306101012345K	

收款人:李小平　　　　复核:　　　开票人:杨晓冬　　　　销售方(章)

第一联　购货方　记账联

业务27-2

发票代码:024001555555

发票号码:66666666

开票日期:2017年12月09日

校验码:24985 25418 56863

湖北省增值税专用发票

机器编号:895653654789

购买方	名　　　　称:新华责任有限公司 纳税人识别号:140102620102026F 地址、电话:江城市武昌街1号 开户行及账号:工行武昌街支行17-36540000369785412					密码区	9///＊456—＋〈8824＊/76〉093＊＊03 ＋9〈〉56343〈4117—〈65〈1047/5—〉 07＊78＋—4〉03＊49〈5824—〈56—401 ＊/8〉＋—＊〉5〈463〈4192＋＊69＋79〈3	
货物或应税劳务、服务名称	规格型号	单位	数量	单价	金额		税率	税额
A材料		千克	1 500	88	132 000.00		16%	21 120.00
B材料		千克	1 000	73	73 000.00		16%	11 680.00
合　　计					￥205 000.00			￥32 800.00
价税合计(大写)	⊗贰拾叁万柒仟捌佰元整				(小写)￥237 800.00			
销售方	名　　　　称:吉安责任有限公司 纳税人识别号:260306101012345KK 地址、电话:安吉市吉安路46号 开户行及账号:工行吉安支行13265425698741763598					备注	销售合同号:362549871	

收款人:李小平　　　　复核:　　　开票人:杨晓冬　　　　销售方(章)

第二联　抵扣联　购货方抵扣凭证

业务 27-3

公路、内河货物运输业统一发票

发票联

开票日期:2×17 年 12 月 14 日

发票代码 230983376
发票号码 237649874

机打代码 机打号码 机器编号	23876566543 675463 865876543	税 控 码	6///＊456一＋〈8824＊/76)093＊＊03+9〉56343＜411 7一〈65〈1047/5一〉07＊78＋一4)03＊49〈5824一〈56一40 1＊/8)＋一＊〉5〈463〈4192＋＊69+79〈3	
收货人及纳税 人识别号	新华责任有限公司 140102620102026F	承运人及纳税 人识别号	江城市大通运输公司 49876345233215984B	
发货人及纳税 人识别号	安庆市吉安责任有限公司 260306101012345K	主管税务机关 及代码	江城市地方税务局沿江分局 234527	
运输 项目 及 金额	A 材料 1 500 千克 B 材料 1 000 千克	其他 项目 及 金额	装卸费 2 000.00 仓储费 400.00 保险费 1 000.00 其他	
运费小计	1 600.00		3 400.00	
合计(大写)伍仟零佰零元零角零分			￥5 000.00	

承运人(盖章) 开票人:张清

业务 27-4

材料采购运杂费分配表

2×17 年 12 月 14 日 元

材料名称	分配标准(重量)	分配率	分配金额
A 材料	1 500		3 000.00
B 材料	1 000		2 000.00
合 计	2 500	2	5 000.00

会计主管 审核 制表

业务 27-5

收 料 单

编号 9019

单位:吉安有限责任公司 2×17 年 12 月 14 日 发票号数300120

编号	名称及规格	单位	数量	单价	金 额	
	A 材料	千克	1 500	90	135 000	二 财 务 联
	B 材料	千克	1 000	75	75 000	
	合 计				210 000	

记账 验收 李阳 制单 张妮

28. 15 日,加工车间领用 B 材料 40 千克,单价 75 元。

业务 28

领　料　单

编号 872635

领料单位:精工车间　　　　　　　　　　2×17 年 12 月 15 日

材料编号	材料名称	计量单位	数量	单价	金　额									发料 李晓红　仓库
					千	百	十	万	千	百	十	元	角	分	
	B 材料	千克	40	75					3	0	0	0	0	0	3 号库
合　计							¥	3	0	0	0	0	0	

（印章：材料已发）

部门主管　　　领料　陈达　刘洋　　　发料　李晓红　　　制单　张妮

财务联（二）

29. 15 日,归还银行流动资金借款 60 000 元。

业务 29

（短期贷款）还款凭证（借方凭证）　　　1

原借款凭证单位编号 017　　　日期 2×17 年 12 月 15 日　　　原借款凭证银行编号　09786

付款人	名　称	新华责任有限公司	借款人	名　称	新华责任有限公司
	往来户账户	17－36540000369785412		放款户账户	17－321596357954235
	开户银行	工行武昌街支行		开户银行	工行武昌街支行

计划还款日期	2×17 年 12 月 15 日	还款顺序	第　1　次还贷

偿还金额	人民币（大写）陆万元整	千 百 十 万 千 百 十 元 角 分
		¥ 6 0 0 0 0 0 0

（印章：中国工商银行武昌街支行 2017.12.15 转账 收讫）

还款内容	流动资金借款

由借款人往来户内转还上述借款

　　（银行主动转还时免盖借款单位预留往来账户印鉴）

科目(借)_____
对方科目(贷)_____
会计　　复核　　记账

此联代付款单位往来户借款凭证

30. 16 日,从银行提取现金 118 000 元,准备发放工资。

业务 30

中国工商银行现金支票存根

支票号码　　00268123

科　　　目　_____

对方科目　_____

出票日期　2017 年 12 月 16 日

收款人：新华责任有限公司

金　　额：118 000.00

用　　途：发放工资

单位主管：李龙　　　　会计　李莉

31. 16 日,用现金发放工资 118 000 元,并代扣职工水电费 2 000 元(代扣水电费记入"其他应收款"账户贷方)。

业务 31

职工薪酬结算汇总表

2×17 年 12 月　　　　　　　　　　　　　　　　　　　　　元

车间部门	计时工资	计件工资	津贴	应扣事假工资	应付职工薪酬	代扣水电费	实发职工薪酬
甲产品工人		51 000	2 500	400	53 000	360	52 640
乙产品工人		46 000	3 000	300	48 700	540	48 160
车间管理人员	7 500		450		7 950	400	7 550
行政管理人员	8 500		1 800	50	10 350	700	9 650
合　计	16 000	97 000	7 750	750	120 000	2 000	118 000

会计主管　　　　　记账　　　　　　审核　　　　　　制表

32. 17 日,经批准向银行取得流动资金借款 80 000 元。

业务 32

中国工商银行
借款借据(收账通知)
2×17 年 12 月 17 日

收款单位	名　称	新华有限责任公司	借款单位	名　称	新华有限责任公司
	账　号	17－36540000369785412		账　号	17－321596357954235
	开户银行	工行武昌街支行		开户银行	工行武昌街支行

借款种类	短期借款	利率	年 8%	约定还款期	2×18 年 3 月 18 日

借款用途	生产周转借款

借款金额	人民币 (大写)	捌万元整		千	百	十	万	千	百	十	元	角
						¥	8	0	0	0	0	0

根据我单位与你行签订的借款合同,现立据申请办理上项贷款。贷款到期,由我单位主动归还。

分次还款记录

日期	还款金额	结欠本金	记账	复核

33. 17 日,向本市红星责任有限公司购进 C 材料 1 500 千克,单价 19 元,计价款 28 500 元,增值税 4 560 元。采购费用 1 500 元。料已验收入库,货款及采购费用暂欠。

业务 33－1

发票代码:024001555555
发票号码:66666666
开票日期:2017 年 12 月 03 日
校 验 码:24985 25418 56863

湖北省增值税专用发票

机器编号:147253147852

购买方	名　　称:新华有限责任公司 纳税人识别号:140102620102026F 地址、电话:江城市武昌街 1 号 开户行及账号:工行武昌街支行 17－36540000369785412	密码区	9///＊456—＋〈8824＊/76〉093＊＊03 ＋9〈〉56343〈4117—〈65〈1047/5－〉 07＊78＋—4〉03＊49〈5824－〈56—401 ＊/8〉＋—＊5〈463〈4192＋＊69＋79〈3

货物或应税劳务、服务名称	规格型号	单位	数量	单价	金额	税率	税额
C 材料		千克	1 500	19	28 500	16%	4 560
合　　计					¥28 500.00	16%	¥4 560.00

价税合计(大写)	⊗叁万叁仟零陆拾元整	(小写)¥33 060.00

销售方	名　　称:红星有限责任公司 纳税人识别号:11420036258963785J 地址、电话:江城市泰山路 93 号 开户行及账号:工行泰山支行 35795160000369785247	备注	销售合同号:159632458

第一联　购货方记账联

收款人:陈天华　　　　复核:　　开票人:刘心如　　　　销售方(章)

业务 33－2

湖北省增值税专用发票

发票代码:024001555555
发票号码:66666666
开票日期:2017 年 12 月 03 日
校 验 码:24985 25418 56863

机器编号:147253147852

购买方	名　　　称:新华有限责任公司 纳税人识别号:140102620102026F 地址、电话:江城市武昌街 1 号 开户行及账号:工行武昌街支行 17－36540000369785412					密码区	9/// ＊456－＋〈8824 ＊/76〉093 ＊＊03 ＋9〈〉56343〈4117－〈65〈1047/5－〉 07 ＊78＋－4〉03 ＊49〈5824－〈56－401 ＊/8〉＋－ ＊〉5〈453〈4192＋＊69＋79〈3	
货物或应税劳务、服务名称	规格型号	单位	数量	单价	金额		税率	税额
C 材料		千克	1 500	19	28 500		16%	4 560
合　　计					￥28 500.00		16%	￥4 560.00
价税合计(大写)	⊗叁万叁仟零陆拾元整				(小写)￥33 060.00			
销售方	名　　　称:红星有限责任公司 纳税人识别号:11420036258963785J 地址、电话:江城市泰山路 93 号 开户行及账号:工行泰山支行 35795160000369785247					备注	销售合同号:159632458	

收款人:陈天华　　　　　复核:　　　开票人:刘心如　　　　销售方(章)

业务 33－3

公路、内河货物运输业统一发票

发票联

开票日期:2×17 年 12 月 17 日

发票代码 230983236
发票号码 237649873

机打代码 机打号码 机器编号	238765669847 6758475 86598576	税控码		
收货人及纳税人识别号	新华责任有限公司 140102620102026F	承运人及纳税人识别号	江城市通用运输公司 49876323573654895R	
发货人及纳税人识别号	红星责任有限公司 140102621879321	主管税务机关及代码	江城市地方税务局沿江分局 234527	
运输项目及金额	C 材料 1 500 千克	其他项目及金额	装卸费 100.00 仓储费 保险费 100.00 其他	
运费小计	1 300.00	小计	200.00	
合计(大写)⊗壹仟伍佰元整　　　　￥1 500.00				

承运人(盖章)　　　　　　开票人:王芳

业务 33－4

收 料 单

编号 9020

单位:红星有限责任公司　　　　　　2×17 年 12 月 14 日

编号	名称及规格	单位	数量	单价	金　额
	C 材料	千克	1 500	19	28 500
	合　计				28 500

记账　　　　　　　　　　　　　　验收　李阳　　　　　　制单　张妮

34. 18 日,加工车间领用 C 材料 1 400 千克,单价 20 元,用于生产甲产品。

业务 34－1

领 料 单

编号 872636

领料　陈达　　单位:加工车间　　　　　2×17 年 12 月 18 日　　　　　材料用途:甲

材料编号	材料名称	计量单位	数量	单价	金　额										发料仓库
					千	百	十	万	千	百	十	元	角	分	
	C 材料	千克	1 400	20				2	8	0	0	0	0	0	5 号库
	合　计						¥	2	8	0	0	0	0	0	

部门主管　　　　　　领料　陈达　　　发料　李晓红　　　　制单　张妮

35. 19 日,加工车间生产甲产品领用 A 材料 120 千克,单价 90 元,B 材料 800 千克,单价 **75 元**。

业务 35－1

领 料 单

编号 872637

领料单位:加工车间　　　　　　　　2×17 年 12 月 19 日　　　　　　材料用途:甲产品

材料编号	材料名称	计量单位	数量	单价	金　额										发料仓库
					千	百	十	万	千	百	十	元	角	分	
	A 材料	千克	120	90				1	0	8	0	0	0	0	3 号库
	合　计						¥	1	0	8	0	0	0	0	

部门主管　　　　　　领料　陈达　　　发料　李晓红　　　　制单　张妮

业务 35－2

领 料 单

编号 872638

领料单位：**加工车间**　　　　　2×17 年 12 月 19 日　　　　　材料用途：**甲产品**

材料编号	材料名称	计量单位	数量	单价	千	百	十	万	千	百	十	元	角	分	发料仓库
	B材料	千克	800	75			6	0	0	0	0	0	0	0	3 号库
合　计						¥	6	0	0	0	0	0	0	0	

材料已发

二 财务联

部门主管　　　领料 陈达　　　发料 李晓红　　　制单 张妮

36. 20 日，向外地耀华有限责任公司销售甲产品 200 件，单价 400 元；乙产品 200 件，单价 300 元，增值税销项税额 23 800 元。货已发出并办妥委托银行收款手续。

业务 36－1

委托收款凭证（回单）　　1

委邮

委托日期　2×17 年 12 月 20 日

委托号码
第 3 号

此联收款人开户行给收款人的回单

收款人	全　称	新华责任有限公司	汇款单位	全　称	耀华有限责任公司									
	账　号	17-36540000369785412		账　号	18632145690369785412									
	开户银行	工行武昌街支行　行号		开户银行	大江市花城路 8 号									

委收金额	人民币（大写）	壹拾陆万贰仟肆佰元整	千	百	十	万	千	百	十	元	角	分
				¥	1	6	2	4	0	0	0	0

款项内容	销货款	委托收款凭据	附寄单证张数	2
备注		款项收妥日期　年　月　日	收款人开户行盖章	

单位主管：　　会计　　　复核　　　记账

业务 36-2

湖北省增值税专用发票

发票代码:024001666666
发票号码:27833456
开票日期:2017 年 12 月 02 日
校 验 码:36985 27418 52963

机器编号:456863147852

<table>
<tr><td rowspan="5">购买方</td><td colspan="4">名　　称:耀华有限责任公司</td><td rowspan="5">密码区</td><td rowspan="5">8/// ＊625－＋〈8824 ＊/76〉093 ＊ ＊03
＋9〈〉56343〈4117－〈65〈1047/5－〉
07 ＊78＋－4〉03 ＊ 49〈5824－〈56－401
＊ /8〉＋－ ＊5〈463〈4192＋ ＊ 69＋79〈3</td></tr>
<tr><td colspan="4">纳税人识别号:140102623849570P</td></tr>
<tr><td colspan="4">地 址、电 话:大江市花城路 8 号</td></tr>
<tr><td colspan="4">开户行及账号:工行花街营业部</td></tr>
<tr><td colspan="4">18632145690369785412</td></tr>
<tr><td colspan="2">货物或应税劳务、服务名称</td><td>规格型号</td><td>单位</td><td>数量</td><td>单价</td><td>金额</td><td>税率</td><td>税额</td></tr>
<tr><td colspan="2">甲产品</td><td></td><td>件</td><td>200</td><td>400</td><td>80 000.00</td><td>16%</td><td>12 800.00</td></tr>
<tr><td colspan="2">乙产品</td><td></td><td>件</td><td>200</td><td>300</td><td>60 000.00</td><td>16%</td><td>9 600.00</td></tr>
<tr><td colspan="2">合　计</td><td></td><td></td><td></td><td></td><td>￥140 000.00</td><td></td><td>￥22 400.00</td></tr>
<tr><td colspan="3">价税合计(大写)</td><td colspan="4">⊗壹拾陆万贰仟肆佰元整</td><td colspan="2">(小写)￥162 400.00</td></tr>
<tr><td rowspan="4">销售方</td><td colspan="4">名　　称:新华责任有限公司</td><td rowspan="4">备注</td><td rowspan="4" colspan="2">销售合同号:362514710</td></tr>
<tr><td colspan="4">纳税人识别号:140102620102026F</td></tr>
<tr><td colspan="4">地址、电话:江城市武昌街 1 号</td></tr>
<tr><td colspan="4">开户行及账号:工行武昌街支行 17-36540000369785412</td></tr>
</table>

收款人:　　　　复核:　　　　开票人:司马刚　　　　销售方(章)

业务 36-3

出 库 单

2×17 年 12 月 20 日　　　　　　第 12002 号

<table>
<tr><td rowspan="2">品　名</td><td rowspan="2">单位</td><td rowspan="2">数量</td><td rowspan="2">单价</td><td colspan="7">金 额</td><td rowspan="2">用途或原因</td></tr>
<tr><td>十</td><td>万</td><td>千</td><td>百</td><td>十</td><td>元</td><td>角</td><td>分</td></tr>
<tr><td>甲产品</td><td>件</td><td>200</td><td>400</td><td></td><td>8</td><td>0</td><td>0</td><td>0</td><td>0</td><td>0</td><td>0</td><td>销售</td></tr>
<tr><td>乙产品</td><td>件</td><td>200</td><td>300</td><td></td><td>6</td><td>0</td><td>0</td><td>0</td><td>0</td><td>0</td><td>0</td><td></td></tr>
<tr><td>合　计</td><td></td><td></td><td></td><td>1</td><td>4</td><td>0</td><td>0</td><td>0</td><td>0</td><td>0</td><td>0</td><td>销售发出</td></tr>
</table>

主管会计　　　保管员 张华　　　　经手人 张华

37. 20 日,前向本市光明有限责任公司销售的货款 81 900 元收到,收到转账支票一张已转存银行。

业务 37

中国工商银行进账单（收账通知）

2×17 年 12 月 20 日

收款人	全　称	新华责任有限公司	付款人	全　称	光明有限责任公司
	账　号	17－36540000369785412		账　号	38679260000369785412
	开户银行	工行武昌街支行		开户银行	工行新建支行

人民币（大写）	捌万壹仟玖佰元整	千	百	十	万	千	百	十	元	角	分
				¥	8	1	9	0	0	0	0

票据种类	转账支票
票据张数	1

中国工商银行武昌街支行
2017.12.20
转账
收款人开户行盖章

单位主管　会计　复核　记账

38. 20 日，企业向春风百货公司购买办公用品 464 元，以现金支付，办公用品由各科室直接领用。

业务 38

发票代码：024001555555
发票号码：66666666
开票日期：2017 年 12 月 03 日
校 验 码：24985 25418 56863

湖北省增值税普通发票

机器编号：147253147852

购买方	名　　称：新华有限责任公司 纳税人识别号：140102620102026F 地址、电话：江城市武昌街 1 号 开户行及账号：工行武昌街支行 17－36540000369785412	密码区	9/// * 456－＋〈8824 * /76)093 * * 03 ＋9〉56343〈4117－〈65〈1047/5－〉 07 * 78＋－4)03 * 49〈5824－〈56－401 * /8)＋－ * 〉5〈463〈4192＋ * 69＋79〈3

货物或应税劳务、服务名称	规格型号	单位	数量	单价	金额	税率	税额
办公用品					400.00	16%	64
合　　计					¥400.00		¥64

价税合计（大写）	⊗肆佰陆拾肆元元整	（小写）¥464.00

销售方	名　　称：春风百货公司 纳税人识别号：1265478512698744H 地址、电话：江城市武昌街 53 号 开户行及账号：工行武昌街支行 2658742586326984	备注	春风百货公司 1265478512698744H 发票专用章

收款人：洪帆　　　　复核：　　开票人：刘如　　　　销售方（章）

第三联　购买方记账联

39. 21 日,用银行存款支付本期银行借款利息 3 600 元。

业务 39

中国工商银行贷款利息通知单

2×17 年 12 月 21 日

户　　名	新华责任有限公司		账号	17－36540000369785412									
利 息 计息 时 间	2×17 年 10 月 1 日起 2×17 年 12 月 21 日止	注：办公用品各科室直接领用		利率5.25%									
					千	百	十	万	千	百	十	元	角	分
利　　息金　　额	人民币（大写）叁仟陆佰元整	现金付讫					¥	3	6	0	0	0	0
（银行盖章）中国工商银行武昌街支行 2017.12.21 转账清讫	以上利息已从你单位存款账户扣除（银行盖章）2×17 年 12 月 21 日	科目_____ 对方科目_____ 记账　复核　制单　张妮											

40. 21 日,向本市光明有限责任公司销售甲产品 200 件,单价 400 元;乙产品 200 件,单价 300 元,增值税销项税额 22 400 元,货已被提走。收到转账支票一张已送存银行。

业务 40－1

发票代码:024001666666
发票号码:27833456
开票日期:2017 年 12 月 02 日
校 验 码:36985 27418 52963

湖北省增值税专用发票

机器编号:258963147852

购买方	名　　称:光明有限责任公司 纳税人识别号:11420036985214785D 地址、电话:江城市新建路 38 号 开户行及账号:工行新建支行 38679260000369785412	密码区	8///＊625一十〈8824＊/76〉093＊＊03 ＋9〈〉56343〈4117一〈65〈1047/5一〉 07＊78＋一4〉03＊49〈5824一〈56一401 ＊/8〉＋一＞〉5〈463〈4192＋＊69＋79〈3	第四联　记账联　销货方记账凭证
货物或应税劳务、服务名称	规格型号	单位	数量	单价	金额	税率	税额	
甲产品 乙产品 合　　计		件 件	200 200	400 300	80 000.00 60 000.00 ¥140 000.00	16% 16%	12 800.00 9 600.00 ¥22 400.00	
价税合计(大写)	⊗壹拾陆万贰仟肆佰元整				(小写)¥162 400.00			
销售方	名　　称:新华有限责任公司 纳税人识别号:140102620102026F 地址、电话:江城市武昌街 1 号 开户行及账号:工行武昌街支行 17－36540000369785412	备注	销售合同号:362514712	

收款人:　　复核:　　开票人:司马刚　　销售方(章):

业务 40 - 2

中国工商银行进账单（收账通知）

2×17 年 12 月 21 日

出票人	全　　称	新华责任有限公司	收款人	全　　称	光明有限责任公司
	账　　号	17 - 36540000369785412		账　　号	38679260000369785412
	开户银行	工行武昌街支行		开户银行	工行新建支行

金额	人民币（大写）	壹拾陆万贰仟肆佰元整	亿	千	百	十	万	千	百	十	元	角	分
						¥	1	6	2	4	0	0	0	0

票据种类	转账支票
票据张数	1

中国工商银行武昌街支行
2017.12.21
转账收讫

140102620102026F
发票专用章

单位主管　　会计　　复核　　记账　　　　　　　　收款人开户行盖章

业务 40 - 3

出　库　单

2×17 年 12 月 21 日　　　　　　　　　　　第　12002 号

第二联　财务联

品　　名	单位	数量	单价	十万	千	百	十	元	角	分	用途或原因
甲产品	件	200	400	8	0	0	0	0	0	0	销售发出
乙产品	件	200	300	6	0	0	0	0	0	0	
合　　计				1 4	0	0	0	0	0	0	

主管会计　　　　　　保管员　　　　　　　经手人　杨刚

41. 22 日,归还前向吉安责任有限公司采购材料的货款 245 700 元,企业开出转账支票支付。

业务 41

中国工商银行转账支票存根

支票号码　00268124

科　　目

对方科目

出票日期　2×17 年 12 月 22 日

收款人:吉安责任有限公司

金　额:245 700.00

用　途:材料款

单位主管　　　　　　会计

42. 23 日,加工车间生产乙产品领用 A 材料 800 千克,单价 90 元;领用 B 材料 1 000 千

克,单价 **75** 元。

业务 42

领 料 单

编号 872637

领料　陈达　　单位:加工车间　　　2×17 年 12 月 23 日　　　材料用途:乙产品

材料编号	材料名称	计量单位	数量	单价	金　　额									发料 李晓红　仓库
					千	百	十	万	千	百	十	元	角	分	
	A 材料	千克	800	90				7	2	0	0	0	0	0	3 号库
	B 材料	千克	1 000	75				7	5	0	0	0	0	0	
合　　计					¥	1	4	7	0	0	0	0	0	0	

部门主管　　　领料　陈达　　　　发料　李晓红　　　制单　张妮

二财务联

43. 24 日,行政科用银行存款购买办公用品 1 200 元。

业务 43-1

中国工商银行转账支票存根

支票号码　　00268125

科　　目 ＿＿＿＿＿＿＿＿＿＿＿＿

对方科目 ＿＿＿＿＿＿＿＿＿＿＿＿

出票日期　2×17 年 12 月 24 日

收款人:春风百货公司
金　　额:1 200.00
用　　途:办公用品

单位主管　　　会计　李莉

业务 43－2

湖北省增值税普通发票

发票代码:024001555555
发票号码:66666666
开票日期:2017 年 12 月 03 日
校 验 码:24985 25418 56863

机器编号:147253147852

购买方	名　　　　称:新华有限责任公司 纳税人识别号:140102620102026F 地址、电话:江城市武昌街 1 号 开户行及账号:工行武昌街支行 17－36540000369785412					密码区	9///＊456－＋〈8824＊/76〉093＊＊03 ＋9〈〉56343〈4117－〈65〈1047/5－〉 07＊78＋－4〉03＊49〈5824－〈56－401 ＊/8〉＋－＊〉5〈463〈4192＋＊69＋79〈3		
货物或应税劳务、服务名称	规格型号	单位	数量	单价	金额		税率	税额	
办公用品					1 034.48		16％	165.52	
合　　计					￥1 034.48			￥165.52	
价税合计(大写)	⊗壹仟贰佰元整			(小写)￥1 200.00					
销售方	名　　　　称:春风百货公司 纳税人识别号:1265478512698744H 地址、电话:江城市武昌街 53 号 开户行及账号:工行武昌街支行 2658742586326984					备注			

收款人:陈华　　　　复核:　　　　开票人:刘如　　　　销售方(章)

44. 24 日,归还前欠本市红星责任有限公司的材料款 35 100 元,开出转账支票付讫。

业务 44

```
          中国工商银行转账支票存根
             支票号码   00268126
    科      目
    对方科目
    出票日期  2×17 年 12 月 24 日

      收款人:红星责任有限公司

      金   额:35 100.00

      用   途:材料款

    单位主管           会计  李莉
```

45. 26 日,供销科张春宏出差预借差旅费,付现金 2 500 元。

业务 45

借 款 单

2×17 年 12 月 26 日

工 作 单 位	姓 名	借 款 金 额	批 准 金 额	备 注
供销科	张春宏	2 500.00	2 500.00	
借款金额(大写)×万贰仟伍佰零拾零元零角零分				
借款理由 参加材料供货会		归还时间		现金付讫
批准人　　　　　审核　　　　借款人 张春宏　　　单位负责人　　　　　经办人 张春宏				

46. 27 日,向外地吉安责任有限公司采购 A 材料 600 千克,单价 90 元;B 材料 500 千克,单价 75 元,增值税进项税额 14 640.00 元。材料已验收入库,货款暂欠,开出 3 个月的商业承兑汇票一张。

业务 46-1

发票代码:024001555555
发票号码:66666666
开票日期:2017 年 12 月 03 日
校 验 码:24985 25418 56863

湖北省增值税专用发票

机器编号:147253147852

购买方	名　　　称:新华有限责任公司 纳税人识别号:140102620102026F 地址、电话:江城市武昌街 1 号 开户行及账号:工行武昌街支行 17-36540000369785412						密码区	9///＊456—＋〈8824＊/76〉093＊＊03 ＋9〈〉56343〈4117—〈65〈1047/5—〉 07＊78＋—4〉03＊49〈5824—〈56—401 ＊/8〉＋—＊〉5〈463〈4192＊＊69＋79〈3		
货物或应税劳务、服务名称	规格型号	单位	数量	单价	金额		税率	税额		
A 材料		千克	600	90	54 000.00		16%	8 640.00		
B 材料		千克	500	75	37 500.00		16%	6 000.00		
合　　计					¥91 500.00			¥14 640.00		
价税合计(大写)	⊗壹拾万零陆仟壹佰肆拾元整						(小写)¥106 140.00			
销售方	名　　　称:吉安责任有限公司 纳税人识别号:260306101012345K 地址、电话:安吉市吉安路 46 号 开户行及账号:工行吉安支行 13265425698741763598						备注	销售合同号:159632498		

收款人:李小平　　　　复核:　　　　开票人:杨晓冬　　　　销售方(章)

第一联 购货方记账凭证

业务 46 - 2

湖北省增值税专用发票

发票代码:024001555555
发票号码:66666666
开票日期:2017 年 12 月 03 日
校 验 码:24985 25418 56863

机器编号:147253147852

<table>
<tr><td rowspan="4">购买方</td><td>名　　　　称:新华有限责任公司</td><td rowspan="4">密码区</td><td rowspan="4">9/// ＊456一＋〈8824 ＊/76〉093 ＊＊03
＋9〈〉56343〈4117一〈65〈1047/5一〉
07 ＊78＋一4〉03 ＊49〈5824一〈56一401
＊ /8〉＋一 ＊〉5〈463〈4192＋ ＊69＋79〈3</td><td rowspan="11">第二联　抵扣联　购货方扣税凭证</td></tr>
<tr><td>纳税人识别号:140102620102026F</td></tr>
<tr><td>地址、电话:江城市武昌街 1 号</td></tr>
<tr><td>开户行及账号:工行武昌街支行 17 - 36540000369785412</td></tr>
</table>

货物或应税劳务、服务名称	规格型号	单位	数量	单价	金额	税率	税额
A 材料		千克	600	90	54 000.00	16%	8 640.00
B 材料		千克	500	75	37 500.00	16%	6 000.00
合　计					￥91 500.00		￥14 640.00

价税合计(大写)	⊗壹拾万零陆仟壹佰肆拾元整	(小写)￥106 140.00

<table>
<tr><td rowspan="4">销售方</td><td>名　　　　称:吉安责任有限公司</td><td rowspan="4">备注</td><td rowspan="4">销售合同号:159632498
（吉安责任有限公司
260306101012345K
发票专用章）</td></tr>
<tr><td>纳税人识别号:260306101012345K</td></tr>
<tr><td>地址、电话:安吉市吉安路 46 号</td></tr>
<tr><td>开户行及账号:工行吉安支行 13265425698741763598</td></tr>
</table>

收款人:李小平　　　　复核:　　　　开票人:杨晓冬　　　　销售方(章)

业务 46 - 3

商业承兑汇票

签发日期贰零零玖年壹拾贰月贰拾柒日　　　　汇票编号:CA45387200

<table>
<tr><td rowspan="3">收款人</td><td>全　称</td><td>吉安责任有限公司</td><td rowspan="3">付款人</td><td>全　称</td><td colspan="11">新华责任有限公司</td></tr>
<tr><td>账户
或地址</td><td>13265425698741763598</td><td>账户
或地址</td><td colspan="11">17 - 36540000369785412</td></tr>
<tr><td>开户银行</td><td>工行吉安支行</td><td>开户银行</td><td colspan="4">工行</td><td colspan="3">行号</td><td colspan="4">199</td></tr>
<tr><td rowspan="2">汇票金额</td><td>人民币
(大写)</td><td colspan="2" rowspan="2">壹拾万零陆仟壹佰肆拾元整</td><td>千</td><td>百</td><td>十</td><td>万</td><td>千</td><td>百</td><td>十</td><td>元</td><td>角</td><td>分</td></tr>
<tr><td></td><td></td><td>￥</td><td>1</td><td>0</td><td>6</td><td>1</td><td>4</td><td>0</td><td>0</td><td>0</td></tr>
<tr><td colspan="3" align="center">汇票到期日</td><td colspan="3">贰×壹捌年叁月贰拾柒日</td><td colspan="5">交易合同号码</td><td colspan="2">5372654</td></tr>
</table>

本汇票本单位已承兑,到期日无条件支付票款
此致

承兑人盖章
承兑日期:2×17 年 12 月 27 日

出票人盖章:
（业务专用章）

负责　　　　经办

业务 46－4

收 料 单

编号 9020

来源吉安责任有限公司　　　　　发票号数 300120　　　　　2×17 年 12 月 27 日

编号	名称及规格	单位	数量	单价	金　额
	A 材料	千克	600	90	54 000
	B 材料	千克	500	75	37 500
	合　计				91 500

记账　　　　　　　　验收 李阳　　　　　　　制单 张妮

47. 27 日,向本市红星责任有限公司采购 A 材料 500 千克,单价 90 元;B 材料 600 千克, 单价 75 元,增值税 14 400 元。增值税税率为 16%。材料已验收入库,货款暂欠。

业务 47－1

发票代码:024001555555
发票号码:66666666
开票日期:2017 年 12 月 03 日
校 验 码:24985 25418 56863

湖北省增值税专用发票

机器编号:147253147852

购买方	名　　　　称:新华有限责任公司 纳税人识别号:140102620102026F 地址、电话:江城市武昌街 1 号 开户行及账号:工行武昌街支行 17－36540000369785412					密码区	9/// ＊456－＋〈8824＊/76〉093＊＊03 ＋9〈〉56343〈4117－〈65〈1047/5－〉 07＊78＋－4〉03＊49〈5824－〈56－401 ＊/8〉＋－＊〉5〈463〈4192＋＊69＋79〈3		
货物或应税劳务、服务名称	规格型号	单位	数量	单价	金额	税率	税额
A 材料		千克	500	90	45 000.00	16%	7 200.00
B 材料		千克	600	75	45 000.00	16%	7 200.00
合　计					￥90 000.00		￥14 400.00
价税合计(大写)	⊗壹拾万肆仟肆佰元整				(小写)￥104 400.00		
销售方	名　　　称:红星有限责任公司 纳税人识别号:11420036258963785J 地址、电话:江城市泰山路 93 号 开户行及账号:工行泰山支行 35795160000369785247			备注	销售合同号:159632325		

收款人:陈天华　　　　复核:　　　开票人:刘心如　　　　销售方(章)

业务 47 - 2

发票代码:024001555555
发票号码:66666666
开票日期:2017 年 12 月 03 日
校 验 码:24985 25418 56863

湖北省增值税专用发票

机器编号:147253147852

购买方	名　　　称:新华有限责任公司 纳税人识别号:140102620102026F 地址、电话:江城市武昌街 1 号 开户行及账号:工行武昌街支行 17 - 36540000369785412	密码区	9/// ＊456－＋〈8824 ＊/76)093 ＊ ＊03 ＋9〈〉56343〈4117－〈65〈1047/5－〉 07 ＊78＋－4)03 ＊49〈5824－〈56－401 ＊/8〉＋－ 〉5〈463〈4192＊ ＊ 69＋79〈3

货物或应税劳务、服务名称	规格型号	单位	数量	单价	金额	税率	税额
A 材料		千克	500	90	45 000.00	16%	7 200.00
B 材料		千克	600	75	45 000.00	16%	7 200.00
合　　计					￥90 000.00		￥14 400.00

价税合计(大写)	⊗壹拾万肆仟肆佰元整	(小写)￥104 400.00

销售方	名　　　称:红星有限责任公司 纳税人识别号:11420036258963785J 地址、电话:江城市泰山路 93 号 开户行及账号:工行泰山支行 35795160000369785247	备注	销售合同号:159632325 红星责任有限公司 11420036258963785J 发票专用章

收款人:陈天华　　　复核:　　　开票人:刘心如　　　销售方(章)

第二联　扣税联购货方作扣税凭证

业务 47 - 3

收　料　单

编号　9020

来源红星有限责任公司　　发票号数　300120　　2×17 年 12 月 27 日

编号	名称及规格	单位	数量	单价	金 额	
	A 材料	千克	500	90	45 000	
	B 材料	千克	600	75	45 000	
	合　　计				90 000	

材料入库

记账　　　　　　　验收　李阳　　　制单　张妮

二　财务联

48. 27 日,向外地耀华有限责任公司销售甲产品 200 件,单价 400 元;乙产品 300 件,单价 300 元,货已发出,收到银行汇票一张,并办妥银行收款手续。

业务 48-1

发票代码:024001666666
发票号码:27833456
开票日期:2017 年 12 月 02 日
校 验 码:36985 27418 52963

湖北省增值税专用发票

机器编号:258963147852

购买方	名 称:耀华有限责任公司 纳税人识别号:140102623849570P 地址、电话:大江市花城路 8 号 开户行及账号:工行花街营业部 18632145690369785412					密码区	8/// ＊625－＋〈8824＊/76〉093＊＊03 ＋9〈〉56343〈4117－〈65〈1047/5－〉 07＊78＋－4〉03＊49〈5824－〈56－401 ＊/8〉＋－＊〉5〈463〈4192＋＊69＋79〈3
货物或应税劳务、服务名称	规格型号	单位	数量	单价	金额	税率	税额
甲产品		件	200	400	80 000.00	16%	12 800.00
乙产品		件	300	300	90 000.00	16%	14 400.00
合 计					¥170 000.00		¥27 200.00
价税合计(大写)		⊗壹拾玖万柒仟贰佰元整			(小写)¥197 200.00		
销售方	名 称:新华有限责任公司 纳税人识别号:140102620102026F 地址、电话:江城市武昌街 1 号 开户行及账号:工行武昌街支行 17－36540000369785412					备注	销售合同号:362514923 140102620102026F

收款人: 复核: 开票人:司马刚 销售方(章)

业务 48-2

出 库 单

2×17 年 12 月 27 日 第 12002 号

品 名	单位	数量	单价	十	万	千	百	十	元	角	分	用途或原因
甲产品	件	200	400		8	0	0	0	0	0	0	销售
乙产品	件	300	300		9	0	0	0	0	0	0	
合 计				1	7	0	0	0	0	0	0	销售发出

主管会计 保管员 经手人

业务 48-3

银行承兑协议2

编号：100-009-1321

银行承兑汇票内容：

收款人全称<u>新华责任有限公司</u>　付款人全称<u>耀华有限责任公司</u>
开户银行<u>工行工行武昌街支行</u>　开户银行<u>大江市花城路8号</u>
账号<u>17-36540000369785412</u>　账号<u>18632145690369785412</u>
汇票号码＿＿＿＿<u>6089</u>＿＿＿＿　汇票金额（大写）<u>壹拾玖万柒仟贰佰元整</u>
签发日期<u>2017年12月27日</u>　到期日期<u>2018年6月27日</u>

以上汇票经承兑银行承兑，承兑申请人（下称申请人）愿遵守《支付结算办法》的规定及以下条款：

1. 申请人于汇票到期日期将应付票款足额交存承兑银行。
2. 承兑手续费按票面金额千分之（0.5）计算，在银行承兑时一次付清。
3. 承兑汇票如发生任何交易纠纷，均由收付双方自行处理。票款与到期前仍按第一条办理不误。
4. 承兑汇票到期日，承兑银行凭票无条件支付票款。如到期日之前申请人不能足额交付票款时，承兑银行对不足支付部分的票款转作承兑申请人逾期贷款，并按有关规定计收罚息。
5. 承兑汇票付清后，本协议自行失效。

本协议第一、二联分别由承兑银行信贷部门和承兑申请人存执，协议副本由银行会计部门存查。

承兑银行　　　（盖章）　　承兑申请人　　　（盖章）

订立承兑协议日期 2×17 年 12 月 27 日

49. 28日，收到外地耀华有限责任公司前欠货款 163 800 元，存入银行。

业务 49

委托收款凭证（收款通知）　　4

委托日期 2×17 年 12 月 20 日

委邮

委托号码
第 3 号

收款人	全　称	新华责任有限公司		汇款单位	全　称	耀华有限责任公司										
	账　号	17-36540000369785412			账　号	18632145690369785412									
	开户银行	工行武昌街支行	行号		开户银行	工行花街营业部									

委收金额	人民币（大写）	壹拾陆万叁仟捌佰元整	千	百	十	万	千	百	十	元	角	分
				￥	1	6	3	8	0	0	0	0

款项内容	销货款	委托收款凭据		附寄单证张数	
备注：		款项收妥日期 2×17 年 12 月 28 日		收款人开户行盖章	

单位主管：　　　会计　　　复核　　　记账

此联收款人开户行给收款人的收款通知

50. 29 日,采购员张春宏出差归来报销差旅费 2 000 元,余款 500 元交回现金。

业务 50－1

差 旅 费 报 销 单

报销部门　供销科　　　　　　填报日期　2×17 年 12 月 09 日

姓名	张春宏	职别	科长	出差事由		参加供销展会	

出差起点日期自　2×17 年 12 月 26 日起至　2×17 年 12 月 29 日止　共 4 天附单据　26　张

日期		起讫地点	天数	机票费	车船费	市内交通费	住宿费	出差补贴	住宿节约补贴	其他	小计
月	日										
12	26	江城市-南京市			201		564	600		434	1 799
12	29	南京市-江城市			201						201
		合计			402		564	600	—	434	2 000

总计金额(大写)⊗万贰仟零佰零拾零元零角零分　　预支 2 500 元　　长退(短补) 500 元

负责人　　　　会计　　　　审核　　　　部门主管　李龙　　　　出差人　张春宏

业务 50－2

原始单据粘贴单

说明:
1. 粘贴原始单据时从右到左,先粘贴小张的再粘贴大张的。
2. 将原始单据大小相同、票面金额相同的粘在一起。
3. 薄纸型的原始单据只粘贴左方的票头,以粘贴牢固为妥。
4. 本粘贴单说明文字处可以被原始单据粘贴覆盖。
5. 本粘贴单的右侧具有分票据类型进行统计的功能,方便粘贴人和审核人。

单据类别:火车票　单据张数:2　单据金额:402 元

单据类别:其他　单据张数:20　单据金额:434 元

单据类别:出差补贴　单据张数:　单据金额:600 元

单据类别:住宿费　单据张数:1　单据金额:564 元

(附件 23 张略)

51. 30 日,分配本月工资,其中,甲产品生产工人工资 60 000 元,乙产品生产工人工资 40 000 元,加工车间管理人员工资 10 000 元,厂部管理人员工资 10 000 元。

业务 51

职工工资分配汇总表

2×17 年 12 月 30 日　　　　　　　　　　　　　　　　　　　　元

车间、部门 产品名称	生产成本—— 甲产品	生产成本—— 乙产品	制造费用	管理费用	合　计
甲产品	60 000				60 000
乙产品		40 000			40 000
加工车间			10 000		10 000
行政部门				10 000	10 000
合　计	60 000	40 000	10 000	10 000	120 000

52. 30 日,按工资总额的 **14%** 计提职工福利费 **16 800** 元,其中,甲产品 **8 400** 元,乙产品 **5 600** 元,车间管理人员 **1 400** 元,厂部管理人员 **1 400** 元。

业务 52

职工福利费分配汇总表

2017 年 12 月 30 日　　　　　　　　　　　　　　　　　　　　单位:元

车间、部门 产品名称	生产成本—— 甲产品	生产成本—— 乙产品	制造费用	管理费用	合　计
甲产品	8 400.00				8 400.00
乙产品		5 600.00			5 600.00
加工车间			1 400.00		1 400.00
行政部门				1 400.00	1 400.00
合计	8 400.00	5 600.00	1 400.00	1 400.00	16 800.00

53. 31 日,计提固定资产折旧费 **11 400** 元。

业务 53

固定资产折旧计算表(直线法)

2×17 年 12 月 31 日　　　　　　　　　　　　　　　　　　　　元

项　目	办公楼	加工车间	仓库	运输工具	合　计
原值	700 000	1 000 000	500 000	400 000	2 600 000
预计可使用年限	20	20	20	10	—
预计净残值率	5%	5%	5%	5%	—
可折旧金额	665 000	950 000	475 000	380 000	2 470 000
月折旧率%	0.4	0.4	0.4	0.8	—
已提折旧	266 000	475 000	213 732	152 000	1 106 732
本月计提	2 660	3 800	1 900	3 040	11 400
累计计提折旧	268 660	478 800	215 632	155 040	1 118 132

54. 31 日,支付并分配本月电费 10 000 元,其中,生产甲产品用电 10 000 度,生产乙产品用电 6 000 度,车间照明用电 2 000 度,厂部照明用电 2 000 度。

业务 54-1

委托收款凭证(付款通知)　5　第 2456 号

委托号码

委邮

委托日期 2×17 年 12 月 28 日　　付款期限 2×17 年 12 月 31 日

业务类型		委托收款(□邮划□电划)		托收承付(☑邮划□电划)				
付款人	全称	新华责任有限公司		收款人	全称	江城市电力公司		
	账号	17-3654000369785412			账号	16-8736452296547832		
	地址	湖北省江城市县	开户行　工行		地址	湖北省江城市县	开户行　工行	

金额	人民币(大写)	壹万元整	千 百 十 万 千 百 十 元 角 分
			¥ 1 0 0 0 0 0 0

款项内容	12 月份电费	委托凭证名　称	供电合同 610013245	附寄单证张数	3

备注:　特约

付款人注意:
1. 应于见票当日通知开户银行划款。
2. 如需拒付,应在规定期限内,将拒付理由书并附债务证明退交开户银行。

单位主管　　会计　　复核　　记账　　付款人开户银行(盖章)12 月 31 日

业务 54-2

湖北省增值税专用发票

发票代码:024001555555
发票号码:66666666
开票日期:2017 年 12 月 28 日
校 验 码:24985 25418 56863

机器编号:594253147852

购买方	名　　称:新华有限责任公司 纳税人识别号:140102620102026F 地址、电话:江城市武昌街 1 号 开户行及账号:工行武昌街支行 17-3654000369785412	密码区	9/// ＊456－＋〈8824＊/76〉093＊＊03 ＋9〈〉56343〈4117－〈65〈1047/5－〉 07＊78＋－4〉03＊49〈5824－〈56－401 ＊/8〉＋－＊〉5〈463〈4192＋＊69＋79〈3

货物或应税劳务、服务名称	规格型号	单位度	数量	单价	金额	税率	税额
电表起至数码 654356-666856			12 500	0.80	8 620.69	16%	1 379.31
合　　计					¥8 620.69		¥1 379.31

价税合计(大写)	⊗壹万元整	(小写)¥10 000.00

销售方	名　　称:江城市电力股份有限公司 纳税人识别号:75621468258963785D 地址、电话:江城市电力路 3 号 开户行及账号:工行新街支行 16-8736452296547832	备注	销售合同号:159632358

收款人:刘华　　复核:　　开票人:陈新如　　销售方(章)

业务 54－3

电费分配表

2×17 年 12 月 31 日

车间、部门	用电量/度	分配率	应分配金额
行政部门	2 000		1 000.00
甲产品	10 000		5 000.00
乙产品	6 000		3 000.00
生产车间	2 000		1 000.00
合　计	20 000	0.5	10 000.00

55. 31 日,向本市红星责任有限公司采购 C 材料 1 000 千克,单价 20 元,计价款 20 000 元,增值税 3 200 元。料已验收入库,货款暂欠。

业务 55－1

发票代码:024001555555
发票号码:66666666
开票日期:2017 年 12 月 31 日
校 验 码:24985 25418 56863

湖北省增值税专用发票

机器编号:147253147852

购买方	名　　称:新华有限责任公司 纳税人识别号:140102620102026F 地址、电话:江城市武昌街 1 号 开户行及账号:工行武昌街支行 17－36540000369785412				密码区	9///＊456－＋〈8824＊/76〉093＊＊03 ＋9〈〉56343〈4117－〈65〈1047/5－〉 07＊78＋－4〉03＊49〈5824－〈56－401 ＊/8〉＋－＊〉5〈463〈4192＋＊69＋79〈3		
货物或应税劳务、服务名称	规格型号	单位	数量	单价	金额	税率	税额
C 材料		千克	1 000	20	20 000.00	16％	3 200.00
合　　计					￥20 000.00		￥3 200.00
价税合计(大写)		⊗贰万叁仟贰佰元整			(小写)￥23 200.00		
销售方	名　　称:红星有限责任公司 纳税人识别号:11420036258963785J 地址、电话:江城市泰山路 93 号 开户行及账号:工行泰山支行 35795160000369785247				备注	销售合同号:159634563		

收款人:陈天华　　　　　　复核:　　　开票人:刘心如　　　销售方(章)

第一联　购货方记账联

业务 55-2

发票代码：024001555555
发票号码：66666666
开票日期：2017 年 12 月 31 日
校验码：24985 25418 56863

湖北省增值税专用发票

机器编号：147253147852

购买方	名　　称：新华有限责任公司 纳税人识别号：140102620102026F 地址、电话：江城市武昌街 1 号 开户行及账号：工行武昌街支行 17－36540000369785412					密码区	9／／／＊456－＋〈8824＊/76〉093＊＊03 ＋9〉56343〈4117－〈65〈1047/5－〉 07＊78＋－4〉03＊49〈5824－〈56－401 ＊/8〉＋－＊〉5〈463〈4192＋＊69＋79〈3
货物或应税劳务、服务名称	规格型号	单位	数量	单价	金额	税率	税额
C 材料		千克	1 000	20	20 000.00	16％	3 200.00
合　　计					￥20 000.00		￥3 200.00
价税合计（大写）	⊗贰万叁仟贰佰元整				（小写）￥23 200.00		
销售方	名　　称：红星有限责任公司 纳税人识别号：11420036258963785J 地址、电话：江城市泰山路 93 号 开户行及账号：工行泰山支行 35795160000369785247					备注	销售合同号：159634563

收款人：陈天华　　　复核：　　　开票人：刘心如　　　销售方（章）

第一联　购货方记账联

56. 31 日，计提并结转本月应缴产品销售税金 4 900 元。

业务 56-1

城市维护建设税申报表

填表日期　2×17 年 12 月 31 日

纳税人识别号　140102620102026F

金额单位　元（列至角分）

纳税人名称	新华责任有限公司			税款所属时期		2×17.12
计税依据	计税金额	税率	应纳税额	已纳税额		应补（退）税额
1	2	3	4＝2×3	5		6＝4－5
增值税	200 000	7％	14 000	12 200		1 400
消费税	50 000	7％	3 500	3 000		500
合计	250 000		17 500	15 200		2 300

如纳税人填报 由纳税人填写以下各栏			如委托代理人填报 由代理人填写以下各栏		备注
会计主管 李　龙	经办人 李　莉	纳税人 （公章） 2010 年 12 月 31 日	代理人名称	代理人 （公章）	
			代理人地址		
			经办人		
以下由税务机关填写					
收到申报表日期			接受人		

业务 56-2

教育费附加申报表

填表日期 2×17 年 12 月 31 日

纳税人识别号 140102620102026F

金额单位 元(列至角分)

纳税人名称				新华责任有限公司	税款所属时期		2×17.12	
计税依据	计费金额		征收比率	应交教育费附加	已交教育费附加		应补(退)费额	
1	2		3	4=2×3	5		6=4-5	
增值税	200 000		3‰	6 000	3 900		2 100	
消费税	50 000		3‰	1 500	1 000		500	
合计	250 0			7 500	4 900		2 600	
如交费人填报 由纳税人填写以下各栏					如委托代理人填报 由代理人填写以下各栏		备注	
会计主管 李 龙	经办人 李 莉	交费人(公章) 2×17 年 12 月 31 日			代理人名称		代理人 (公章)	
					代理人地址			
					经办人	电话		
以下由税务机关填写								
收到申报表日期					接受人			

57. 31 日,本月发生固定资产大修领用 A 材料 **8 100** 元,其中,生产车间修理费 **3 600** 元,行政部门修理费 **4 500** 元。

业务 57-1

领 料 单

领用部门:加工车间

2×17 年 12 月 31 日

编号:

编号	类别	名称	规格	单位	数量		价格	
					请领	实发	单价	总额
1001		A 材料		千克	40	40	90	3 600
		合 计			40	40	90	3 600
用途	修理机器设备							

材料已发

三联 交会计

发料 李晓红   记账   领料部门负责人   领料 陈述

业务 57－2

领 料 单

领用部门:行政部门　　　　　　2×17 年 12 月 16 日　　　　　　　　　编号:

编号	类别	名称	规格	单位	数量		价格	
					请领	实发	单价	总额
1001		A 材料		千克	50	50	90	4 500
合　计					50	50	90	4 500
用途	办公设备维修费							

三联　交会计

材料已发

发料　李晓红　　　　记账　　　　领料部门负责人　　　　领料人　陈达

58. 结转本月已销产品生产成本。其中,甲产品单位生产成本为 240 元,乙产品单位生产成本为 210 元。(产品销售数量从 1～57 的经济业务中销售业务中统计汇总,并填写下表。)

业务 58

产品销售成本计算表

年　　月　　日

产品名称	销售数量	单位生产成本	金　额								
			百	十	万	千	百	十	元	角	分
甲产品		240.00									
乙产品		210.00									
合计											

会计　　　　　　　　复核　　　　　　　　制表

59. 结转本月主营业务收入。(将全部收入转入"本年利润"账户贷方,金额从前面经济业务中汇总或根据"主营业务收入总分类账"贷方合计得到,并填写下表)

业务 59

公司内部转账单
2×17 年 12 月 31 日

项　　目	会计科目	借方金额								贷方金额							
		百	十	万	千	百	十	元	角	分	百	十	万	千	百	十	元	角	分
借方科目	主营业务收入																
贷方科目	本年利润																
合　计																	

会计　　　　　　　　　　复核　　　　　　　　　　制表

60. 结转本月管理费用、财务费用、税金及附加和主营业务成本等（将全部费用转入"本年利润"账户借方，金额从前面经济业务中统计汇总或从相关费用总账的借方合计得到，并填写下表）。

业务 60

公司内部转账单
2×17 年 12 月 31 日

项　　目	会计科目	借方金额								贷方金额							
		百	十	万	千	百	十	元	角	分	百	十	万	千	百	十	元	角	分
借方科目	本年利润																
贷方科目	主营业务成本																
贷方科目	财务费用																
贷方科目	税金及附加																
贷方科目	管理费用																
合　计																	

会计　　　　　　　　　　复核　　　　　　　　　　制表

61. 计算并结转本月应交所得税（所得税率为 **25%**）。（根据第 **59** 题"本年利润"的贷方合计减去和 **60** 题"本年利润"的借方合计的差额计算，并填写下表。假设纳税调整项目为零。）

业务 61-1

公司内部转账单

2×17 年 12 月 31 日

项　目	会计科目	借方金额									贷方金额								
		百	十	万	千	百	十	元	角	分	百	十	万	千	百	十	元	角	分
借方科目	所得税费用																		
贷方科目	应交税费——应交所得税																		
合　计																			

会计　　　　　　　　　　复核　　　　　　　　　　制表

业务 61-2

所得税计算表

2×17 年 12 月 31 日

项目	会计利润	纳税调整	应纳税所得额	税率	应交所得税
合　计					

会计　　　　　　　　　　复核　　　　　　　　　　制表

业务 61-3

公司内部转账单

2×17 年 12 月 31 日

项　目	会计科目	借方金额									贷方金额								
		百	十	万	千	百	十	元	角	分	百	十	万	千	百	十	元	角	分
借方科目	本年利润																		
贷方科目	所得税费用																		
合　计																			

会计　　　　　　　　　　复核　　　　　　　　　　制表

62. 结转"本年利润"至"利润分配——未分配利润"账户。(用第 **58** 题"本年利润"的贷方合计减去第 **59** 题"本年利润"的借方合计再减去第 **61** 题"本年利润"的借方合计,计算的差额转入"利润分配——未分配利润"的贷方)

业务 62

公司内部转账单

2×17 年 12 月 31 日

项　　目	会计科目	借方金额									贷方金额								
		百	十	万	千	百	十	元	角	分	百	十	万	千	百	十	元	角	分
借方科目	本年利润																		
贷方科目	利润分配——未分配利润																		
合　　计																			

会计　　　　复核　　　　制表

63. 计提本月盈余公积(按税后利润的 **10%** 计提),并分配投资者利润 **110 000** 元。

业务 63

公司内部转账单

2×17 年 12 月 31 日

项　　目	会计科目	借方金额									贷方金额								
		百	十	万	千	百	十	元	角	分	百	十	万	千	百	十	元	角	分
借方科目	利润分配——提取盈余公积																		
借方科目	利润分配——应付利润																		
贷方科目	盈余公积																		
贷方科目	应付利润																		
合　　计																			

会计　　　　复核　　　　制表

实验二 设置和登记三栏式现金
日记账、银行存款日记账

一、实验目的

掌握三栏式现金日记账和银行存款日记账的设置和登记方法。

二、实验资料

1. 根据实验一所填制的记账凭证中的收款业务和付款业务,并参考其原始凭证。
2. 新华有限责任公司 2×17 年 12 月 1 日的现金日记账期初余额为 10 000 元,银行存款日记账期初余额为 394 200 元。

三、实验要求

根据以上资料,序时逐笔登记三栏式现金日记账和银行存款日记账。

四、实验操作指导

1. 将本资料中给出的月初余额(视同年初余额)过入本账第一页第一行余额栏内,并在摘要栏内注明"上月结转"字样。
2. 将实验一所填制的记账凭证中的收款业务和付款业务凭证单独取出来。
3. 按照审核无误的记账凭证逐日登记。其登记方法如下:
(1) 日期栏的登记:年栏,应逐页登记;月、日栏应逐行登记并登记所填记账凭证上的日期,而不是记账时的日期。
(2) 凭证号数栏的登记:按记账凭证的字号填写,即记字第 1 号、记字第 2 号,等等。
(3) 摘要栏的登记:一般应根据记账凭证的摘要抄录。
(4) 对方科目栏的登记(有的明细账上没有此项内容):应根据记账凭证上所登记的会计科目一一填列,以反映经济业务的来龙去脉,但一般只填主要的对应科目。
(5) 结算凭证栏的登记:银行存款日记账应认真填写结算凭证的种类及号码,如转账支票(转支,2634)、银行汇票(银汇,8735)、现金支票(现支,3765)等,以便查核。
(6) 借、贷方栏的登记:应根据记账凭证认真抄录。
(7) 余额栏的登记:可采取逐日结出余额的方法,以便与库存现金余额和银行对账单余额核对。
4. 账簿登记应用蓝、黑墨水,不能使用圆珠笔或铅笔记账。所写数字、文字的高度一般只占格宽的 1/2,以预留改错的空间。对于隔页、跳行,应将空行、空页用红笔划对角线注销,加盖"此行空白""此页空白"戳记,并由记账人员签章。

每一账页登记满时,应在每一页的最后一行的摘要栏内加盖"过次页"戳记,并将本页的发生额及余额计算出来,然后在下一页的第一行摘要栏内加盖"承前页"戳记,以便于随时了解本月月初到本页末的发生额,也便于月末结账时加计本月合计数。

将记账凭证过录到账簿上后,应在记账凭证的"过账"栏内填写所记账簿的页码,以便于稽核并表示该记账凭证已过账,以免重过或漏过,或者打上"√"符号。如果账户余额为 0 的话,应在余额栏打上"－o－"符号,以表示结平。

实验三　设置和登记三栏式明细账

一、实验目的

掌握三栏式明细账的设置与登记方法。

二、实验资料

1. 实验一所填制的记账凭证中有关应收账款和应付账款的经济业务,并参考其原始凭证。

2. 2×17 年 12 月 1 日新华责任有限公司"应收账款"明细账户余额如下:

应收账款——光明责任有限公司　100 000 元

应收账款——耀华责任有限公司　　51 000 元

3. 2×17 年 12 月 1 日新华责任有限公司"应付账款"明细账户余额如下:

应付账款——红星责任有限公司　120 000 元

应付账款——吉安责任有限公司　130 500 元

三、实验要求

根据以上资料,设置和登记"应收账款"和"应付账款"账户三栏式明细账。

四、实验操作指导

三栏式明细账的登记方法除与三栏式日记账的登记方法大致相同外,其不同点和登记时应注意的问题有以下几点:

(1) 应对各明细账户顺序编号,对每个账页顺序编定页数,编制目录,说明每个账户的名称和页次。

(2) 各明细账的登记要及时,一般应每天进行登记,也可按较短的时期定期(3 天或 5 天)登记,但债权债务明细账和存货类明细账应每日登记,以便随时与对方单位结算,以及掌握存货的收发动态。

(3) 及时结出余额,债权债务明细账必须逐笔结出余额,应在余额前的"借或贷"栏内注明余额的"借""贷"方向,没有余额的账户,应在"借和贷"栏内写上"平"字,并在"余额"栏内的中间划"－0－"符号,以表示结平没有余额。

实验四　设置和登记数量金额式明细账

一、实验目的

掌握数量金额式明细账的设置和登记方法。

二、实验资料

1. 实验一所填制的记账凭证中的原材料收、发经济业务,并参考其原始凭证。

2. 新华责任有限公司"原材料"账户 2×17 年 12 月 1 日余额如下:

(1) A 材料:数量 1 800 千克,单价 90 元,金额 162 000 元。

(2) B 材料:数量 2 200 千克,单价 75 元,金额 165 000 元。

(3) C 材料:数量 2 000 千克,单价 20 元,金额 40 000 元。

三、实验要求

根据以上原材料的收、发业务及所编的记账凭证,设置和登记原材料明细账。

四、实验操作指导

1. 将实验一所填制的记账凭证中涉及"原材料"账户的记账凭证及其附件单独取出。

2. 数量金额式明细账的登记方法与要求与三栏式明细账大致相同,其不同点和需要注意的问题有以下几点:

(1) 可按原材料(或库存商品)的名称、规格、型号的不同设置明细账。

(2) "摘要"栏可简记为"购入(入库)""领用(发出)"等。

(3) 登记时必须在各栏同时登记数量、单价、金额。

3. 材料明细账的收入栏(借方)根据入库单登记,发出栏根据"领料单或限额领料单"登记。

实验五　设置和登记多栏式明细账

一、实验目的

采用多栏式明细账的有生产成本明细账、管理费用明细账、应交税金明细账等。本实验是为了掌握设置和登记多栏式明细账的方法。

二、实验资料

实验一所填制的记账凭证中的管理费用发生的经济业务,并参考其原始凭证。

三、实验要求

根据以上资料,设置和登记"管理费用"账户的多栏式明细分类账户。

四、实验操作指导

1. 根据各账户的明细科目(项目)或管理的要求设置各个专栏,分别进行有关内容的登记。

2. 本实验中管理费用分类明细账设置有工资及福利费、折旧费、办公费、水电费、差旅费、报刊费等专栏,根据情况添加费用项目。

3. 将实验一所填的记账凭证中涉及"管理费用"账户的记账凭证单独取出。

4. 多栏式明细账一般可只设借方发生额登记栏,凡有贷方事项发生的,则用红字在同栏进行登记。

5. 多栏式明细账的格式参考如下:

管理费用明细账

年		凭证		摘　要	费用项目							
月	日	字	号		办公费	报刊费	差旅费	工资及福利费	折旧费	水电费	其他	合计

实验六 登记总分类账、结账并与明细分类账核对

一、实验目的

掌握总分类账的登记方法及结账方法、明细账发生额及余额明细表的编制方法,并进行总分类账和所属明细分类账的核对。

二、实验资料

1. 实验一中涉及的全部账户的经济业务及记账凭证。
2. 实验三所登记的应收账款、应付账款三栏式明细账。
3. 实验四所登记的原材料数量金额式明细账。
4. 2×17 年 12 月 1 日,有关总分类账及明细分类账账户的余额如下:

2×17 年 12 月 1 日有关总分类账及明细分类账账户的期初余额　　　　　　　　　元

资产类科目		金　额	负债及所有者权益科目		金　额
库存现金		10 000	短期借款		300 000
银行存款		394 200	应付票据	总账	155 300
				吉安责任有限公司	155 300
应收账款	总账	151 000	应付账款	总账	250 500
	光明责任有限公司	100 000		吉安责任有限公司	130 500
	耀华责任有限公司	51 000		红星责任有限公司	120 000
应收票据	总账	250 000	其他应付款		20 000
	耀华责任有限公司	250 000			
其他应收款		10 000	应付职工薪酬		15 000
在途物资		42 000	应交税费		34 000
原材料	总账	367 000	长期借款		100 000
	A 材料	162 000			
	B 材料	165 000			
	C 材料	40 000			
库存商品		1 000 000			
固定资产		1 714 800	实收资本		3 000 000

(续表)

资产类科目	金　额	负债及所有者权益科目	金　额
累计折旧	－34 200	利润分配	30 000
合　计	3 904 800	合　计	3 904 800

三、实验要求

1. 根据以上资料设置和登记总账。

2. 按规定进行账簿结账。对账簿记录应定期计算账户的本期发生额和余额,结束本期账簿记录。

3. 根据以上资料编制应收账款、应付账款、原材料的明细账发生额及余额明细表。

4. 对总账和明细表进行核对。如果某总账所属明细账不多,也可不编明细表,而直接加计各明细账户的发生额及余额,直接与总账的相应数额进行核对。

四、实验操作指导

1. 根据本实验中给出的资料开设总分类账。根据实验一所编制的记账凭证逐笔登记总分类账。本实验采用记账凭证核算形式。

2. 根据本实验资料中的 2 和 3 项,编制原材料明细账户本期发生额及余额明细表、应收账款明细账户本期发生额及余额明细表、应付账款明细账户本期发生额及余额明细表。

原材料明细账户本期发生额及余额明细表
年　月　日
元

材料名称 (明细账户)	期初余额			本期收入			本期发出			期末结存		
	数量	单价	金额	数量	单价	金额	数量	单价	金额	数量	单价	金额
合　计												

应收账款明细账户本期发生额及余额明细表

年　月　日

购货单位名称 （明细账户）	期初余额		本期发生额		期末余额	
	借　方	贷　方	借　方	贷　方	借　方	贷　方
合　　计						

应付账款明细账户本期发生额及余额明细表

年　月　日

供货单位名称 （明细账户）	期初余额		本期发生额		期末余额	
	借　方	贷　方	借　方	贷　方	借　方	贷　方
合　　计						

实验七　编制科目汇总表

一、实验目的

在规模较大、经济业务较多的大中型企业,一般采用科目汇总表核算形式。而科目汇总表是科目汇总表核算形式区别于其他会计核算形式的主要特点。通过本实验,掌握科目汇总表的编制方法,为掌握科目汇总表核算形式的基本程序打好基础。

二、实验资料

实验一所填制的全部记账凭证。

三、实验要求

根据以上资料,编制科目汇总表或记账凭证汇总表见下表。

四、实验操作指导

科目汇总表也称为记账凭证汇总表,其汇总方法是根据记账凭证,按照相同科目的发生额分别将借方、贷方予以加总,定期(5 天、10 天或半个月、1 个月)编制科目汇总表,并要进行试算平衡。

本实验资料要求 10 天编制一张科目汇总表(即 10 日、20 日和 31 日编制。科目汇总表中的"会计科目"栏按照会计科目表的顺序填写)。表中没有的科目可以增加。科目汇总表的编号方法,如汇字第 1 号、汇字第 2 号,等等。本实验中的编号为汇字第 34 号、汇字第 35 号和汇字第 36 号。

科目汇总表的格式如下:

科目汇总表

年　月　　日至　月　日　　　　　　　　　　　　　字第　号

会计科目	金　额		账　页
	借方发生额	贷方发生额	
合　计			

实验八　编制利润表

一、实验目的

掌握利润表的编制方法。

二、实验资料

根据实验七编制的科目汇总表中的相关项目填列。"本年累计数"栏不填写。

三、实验要求

编制"利润表"。

利　润　表

会企 02 表

编制单位：　　　　　　　　　　　　　____年____月　　　　　　　　　　　　　　　　　　　元

项　　目	本期金额	上期金额
一、营业收入		
减：营业成本		
税金及附加		
销售费用		
管理费用		
财务费用		
资产减值损失		
加：公允价值变动收益（损失以"－"号填列）		
投资收益（损失以"－"号填列）		
其中：对联营企业和合营企业的投资收益		
资产处置收益（损失以"－"号填列）		
其他收益		
二、营业利润（亏损以"－"号填列）		
加：营业外收入		
减：营业外支出		
三、利润总额（亏损总额以"－"号填列）		
减：所得税费用		

（续表）

项　目	本期金额	上期金额
四、净利润（净亏损以"－"号填列）		
（一）持续经营净利润（净亏损以"－"号填列）		
（二）终止经营净利润（净亏损以"－"号填列）		
五、其他综合收益的税后净额		
（一）以后不能重分类进损益的其他综合收益		
1. 重新计量设定受益计划净负债或净资产的变动		
2. 权益法下在被投资单位不能重分类进损益的其他综合收益中享有的份额		
（二）以后将重分类进损益的其他综合收益		
1. 权益法下在被投资单位以后将重分类进损益的其他综合收益中享有的份额		
2. 可供出售金融资产公允价值变动损益		
3. 持有至到期投资重分类为可供出售金融资产损益		
4. 现金流量套期损益的有效部分		
5. 外币财务报表折算差额		
六、综合收益总额		
七、每股收益		
（一）基本每股收益		
（二）稀释每股收益		

复核　　　　　　　　　　　制表

实验九　编制资产负债表

一、实验目的

掌握资产负债表的编制方法。

二、实验资料

根据实验七编制的科目汇总表中各项目的相关数据和有关明细账资料填列。"年初数"栏不填写。

三、实验要求

编制"资产负债表"。其格式如下：

资产负债表

编制单位：　　　　　　　　　　　　____年____月____日　　　　　　　　　　　　　　会企 01 表

元

资　　　产	年初数	期末数	负债及所有者权益	年初数	期末数
流动资产			流动负债		
货币资金			短期借款		
以公允价值计量且其变动计入当期损益的金融资产			以公允价值计量且其变动计入当期损益的金融负债		
衍生金融资产			衍生金融负债		
应收票据			应付票据		
应收账款			应付账款		
预付账款			预收账款		
应收利息			应付职工薪酬		
应收股利			应交税费		
其他应收款			应付利息		
存货			应付股利		
持有待售资产			持有待售负债		
一年内到期的非流动资产			其他应付款		

（续表）

资　　产	年初数	期末数	负债及所有者权益	年初数	期末数
其他流动资产			一年内到期的非流动负债负债		
流动资产合计			其他流动负债		
非流动资产			流动负债合计		
可供出售金融资产			非流动负债		
持有至到期投资			长期借款		
长期应收款			应付债券		
长期股权投资			其中:优先股		
投资性房地产			永续债		
固定资产			长期应付款		
在建工程			专项应付款		
工程物资			预计负债		
固定资产清理			递延收益		
生产性生物资产			递延所得税负债		
油气资产			其他非流动负债		
无形资产			非流动负债合计		
开发支出			负债合计		
商誉			所有者权益(或股东权益)		
长期待摊费用			实收资本(或股本)		
递延所得税资产			其他权益工具		
其他非流动资产			其中:优先股		
非流动资产合计			永续债		
			资本公积		
			减:库存股		
			其他综合收益		
			盈余公积		
			未分配利润		
			所有者权益(或股东权益)合计		
资产总计			负债和所有者权益(或股东权益)总计		

图书在版编目(CIP)数据

基础会计学练习题与操作实务 / 杨明海，邓青主编
. —2版. —— 南京：南京大学出版社，2018.7(2022.9重印)
ISBN 978 - 7 - 305 - 20492 - 0

Ⅰ. ①基⋯   Ⅱ. ①杨⋯ ②邓⋯   Ⅲ. ①会计学—高等
学校—习题集   Ⅳ. ①F230 - 44

中国版本图书馆 CIP 数据核字(2018)第 150730 号

出版发行 南京大学出版社
社　　址 南京市汉口路 22 号　　　　邮 编　210093
出 版 人 金鑫荣

书　　名 **基础会计学练习题与操作实务(第二版)**
主　　编 杨明海　邓　青
责任编辑 陈家霞　蔡文彬　　　　编辑热线　025 - 83592123
照　　排 南京南琳图文制作有限公司
印　　刷 广东虎彩云印刷有限公司
开　　本 787×1092 1/16 印张 15 字数 374 千
版　　次 2018 年 7 月第 2 版 2022 年 9 月第 6 次印刷
ISBN 978 - 7 - 305 - 20492 - 0
定　　价 38.00 元

网址：http://www.njupco.com
官方微博：http://weibo.com/njupco
官方微信号：njupress
销售咨询热线：(025) 83594756